Malcolm Muggeridge
Mutter Teresa

HERDER BUCHGEMEINDE · HERDER BUCHGEMEINDE
H·B·G

Malcolm Muggeridge

MUTTER TERESA

Geleitwort von Georg Hüssler
Mit 6 Abbildungen

Fünfte Auflage

Herder
Freiburg · Basel · Wien

AUS DEM ENGLISCHEN VON HANS SCHMIDTHÜS

Die Originalausgabe erschien unter dem Titel
„Something Beautiful for God“
im Verlag Collins, London, 1971.

Fotos: S. K. Dutt from Camera Press London

Steuerbegünstigte Spenden für Mutter Teresa nimmt entgegen:
Deutscher Caritasverband e. V.
Postscheckkonto Karlsruhe 79 26,
Hilfsfonds Mother Teresa
oder
Caritasverband (Mutter Teresa)
Konto 17384 Stadtsparkasse Lippstadt

1. Auflage August 1972
2. Auflage Oktober 1972
3. Auflage Dezember 1972
4. Auflage Februar 1973
5. Auflage September 1973

Herder Druck Freiburg im Breisgau 1973
ISBN 3-451-16556-2

Geleitwort

Mutter Teresa ist ein Symbol. Sie hat es gewagt, gegen die Not zu kämpfen. Dort, wo sie am unermeßlichsten ist, in Kalkutta. Sie hat es mit der letzten Not des Menschen aufgenommen, mit der Not des Sterbens. Ist es nicht paradox, daß eine Zeit, die soviel humanen Geist aufbringt, so wirksame Methoden gegen alle Arten von Nöten entwickelt, dem Tod gegenüber hilfloser zu sein scheint als alle Geschlechter zuvor? In Kalkutta liegt der Tod auf der Straße, das Sterben gehört zum Leben, das Sterben in letzter Armut. (Aber ist nicht alles Sterben die letzte Armut?) Mutter Teresa hat sich der Sterbenden in den Straßen von Kalkutta angenommen, sie hat sie aufgenommen und hat ihnen beim Sterben, bei dieser wichtigsten Tat im Leben des Menschen, geholfen. Kann man das? Mutter Teresa und ihre Schwestern – ebenso wie die armen, kraftlosen Menschen, die sie am Straßenrand zusammenlesen – wissen, daß das Leben mit dem Sterben nicht aufhört, sondern weitergeht, ja erst beginnt. Der Erfolg? Ein dankbarer Blick aus brechenden Augen. Dieser „Erfolg“ hat Mutter Teresa

Mut gegeben, gegen die Unermeßlichkeit der Not überhaupt anzugehen, in Kalkutta, in Bengalen und anderswo.
Malcolm Muggeridge hat es in diesem Buche beschrieben mit der liebenden, aufsässigen Neugierde des Journalisten, der von einer Gestalt gepackt wird. Wer einmal mit Mutter Teresa zusammentrifft, wird diese Begegnung nie vergessen. Wer sie sprechen hört, weiß, daß sie kein Konzept vorzubereiten braucht, sondern daß sie aus dem spricht, was sie erfüllt. Sie hat die Armen dieser Welt vor den Augen, die unter Hunger, Unfrieden und Gewalt leiden. Sie bleibt mitten unter ihnen, auch wenn sie um die Welt reist. Sie ist ihr Anwalt, ihre Stimme. Sie ist die starke Frau, die ihre Kraft aus dem Glauben schöpft, die Ernst macht mit der Jüngerschaft Christi, der in die Not der Menschen herabstieg. Und aus dem Fühlen, daß ihr Tun unendlich sinnvoll ist, hat sie auch immer für jeden ein Lächeln.

Georg Hüssler

Inhalt

Geleitwort von Georg Hüssler 5
Etwas Schönes für Gott 9
Mutter Teresas Weg der Liebe 55
Mutter Teresa spricht 67
Eine Tür des Wortes (Kol 4, 3) 97

Anhang
Verfassung 117
Zeittafel 125

Etwas Schönes für Gott

Ich möchte zunächst erklären, daß Mutter Teresa verlangt hat, es dürfe nichts in der Art einer Biographie oder einer biographischen Studie über sie verfaßt werden. „Das Leben Christi", schrieb sie mir, „wurde zu seinen Lebzeiten nicht aufgeschrieben, und doch vollbrachte er das größte Werk auf Erden: er erlöste die Welt und lehrte die Menschheit, seinen Vater zu lieben. Das Werk ist sein Werk und soll es bleiben, wir alle sind nur seine Werkzeuge, die ihr weniges tun und vergehen." Ich achte diesen ihren Wunsch wie jeden andern. Es geht hier besonders um die Arbeit, die sie und ihre Missionarinnen der Nächstenliebe, ein Orden, den sie gegründet hat, zusammen tun, und um das Leben, das sie im Dienst Christi in Kalkutta und anderswo zusammen leben. Ihre besondere Hingabe gehört den Ärmsten der Armen; wahrlich ein weites Feld.

Schon haben sie Häuser in andern indischen Städten, in Australien und Lateinamerika und in Rom. Es gibt auch Häuser in Tansania, Ceylon und Jordanien. Sie entstehen ständig, fast wie von selbst, überall da, wo die Ketten der Not und des Elends schmerzen. Weil

Mutter Teresa Anregerin und treibende Kraft dieser Arbeit ist, diejenige, an die sich alle andern wenden, muß ihr besondere Aufmerksamkeit zuteil werden. Nahezu jeder, der sie kennengelernt hat, wird, so glaube ich, beistimmen, daß sie eine einzigartige Person in der Welt von heute ist; nicht im verbreiteten Sinn einer von Neonlicht angestrahlten Berühmtheit. Eher im umgekehrten Sinn: von jemand, der im alltäglichen Antlitz der Menschheit aufgegangen und eins geworden ist mit menschlichem Leid und menschlicher Not.

Natürlich haben Menschen, die sich völlig hingeben wie Mutter Teresa, keine Biographien. Biographisch gesehen, geschieht bei ihnen nichts. Für andre und in andern zu leben, wie sie und die Schwestern der Nächstenliebe es tun, bedeutet, Ereignisse auszuschalten, die Faktoren des Ichs und des Willens sind. „Nicht ich lebe, sondern Christus lebt in mir“, ist eines ihrer Lieblingsworte. Ich habe ihr einmal einige unzusammenhängende Fragen über sie selbst, ihre Kindheit, ihre Eltern, ihre Heimat und ihren ersten Entschluß, Nonne zu werden, gestellt. Sie antwortete mit ihrem so charakteristischen Lächeln, gleichzeitig spöttisch und bezaubernd; eine Art halbes Lächeln, das sie immer dann aufbietet, wenn etwas besonders Menschliches berührt wird, Ausdruck ihrer eigenen unerschütterlichen Menschlichkeit. Ihr Elternhaus, sagte sie, sei außergewöhnlich glücklich gewesen. Und daher war, als die Berufung auf das Schulmädchen zukam, eben dieses liebende, glückliche Elternhaus, das sie nicht verlassen wollte, das einzige Hindernis. Natürlich gewann die Berufung und für immer. Sie gab sich Christus hin und durch ihn ihrem Nächsten. Das war das Ende ihrer Biographie und der Anfang ihres Lebens; da sie sich aufgab, fand sie sich, dank jener einzigartigen christlichen Verwandlung, die in Kreuzigung und Auferstehung sich offenbart, durch die wir sterben, um zu leben.

Man spricht heute viel von der Entdeckung der Persönlichkeit, als ob sie etwas sei, nach dem man streben muß wie nach einem Lotteriegewinn, und die, einmal gewonnen, gehortet und gehegt werden muß. Tatsächlich aber wird sie nach einer Art von Keynesschem Prinzip um so reicher, je mehr man davon ausgibt. So wird Mutter Teresa, indem sie sich auslöscht, sie selbst. Ich habe nie einen bemerkenswerteren Menschen getroffen. Schon eine flüchtige Augenblicksbegegnung hinterläßt einen unauslöschlichen Eindruck. Ich habe erlebt, wie Leute in Tränen ausgebrochen sind, wenn sie ging, auch wenn es nur bei einer Teeparty war, wo die Bekanntschaft zu nichts mehr führte, als ein Lächeln von ihr zu erhaschen. Einmal hatte ich Gelegenheit, sie mit einer ihrer Schwestern zum Bahnhof von Kalkutta zu bringen. Es war ganz früh am Morgen, und die Straßen waren voll von schlafenden Gestalten; schlafend in der seltsamen, bitteren Verlassenheit der obdachlosen Armen Indiens. Wir fuhren, widersinnig genug, in einer großen amerikanischen Limousine, die mir zufällig zur Verfügung stand, vor dem Bahnhof vor. Die Gepäckträger rannten erwartungsvoll herbei und zogen sich dann enttäuscht zurück, als ich mit zwei Nonnen im Gefolge ausstieg, welche die weißen Saris ihres Ordens aus billigstem Stoff trugen und in der Hand nur einen Korb mit Reiseproviant hatten, von dem sie das meiste, wie ich wohl wußte, unterwegs verteilen würden. Ich brachte sie in ein Abteil dritter Klasse. Mutter Teresa hat einen Freifahrtschein auf den indischen Eisenbahnen, den ihr die Regierung geschenkt hat. Sie hat hartnäckig versucht, einen gleichen Schein für Luftreisen zu bekommen, und einmal sogar angeboten, als Entgelt dafür als Stewardeß bei ihren Flugreisen zu arbeiten; eine köstliche Vorstellung, wie ich finde. Unglücklicherweise wurde ihr Angebot abgelehnt.

Als der Zug sich zu bewegen begann und ich wegging, war es mir, als ließe ich alle Schönheit und alle Freude dieser Welt hinter mir. Etwas von Gottes universaler Liebe hat auf Mutter Teresa abgefärbt und gibt ihr ein wahrnehmbares Leuchten, etwas Strahlendes. Sie lebt so nahe bei ihrem Herrn, daß ihr die gleiche Verzauberung anhaftet, welche die Massen in Jerusalem und Galiläa ihm nachjagen ließ und seine bloße Anwesenheit zum Boten der Heilung machte. Draußen auf den Straßen begann es sich zu regen; die Schläfer erwachten, streckten sich und gähnten; einige durchwühlten die Müllhaufen auf der Suche nach Eßbarem. Es war ein Schauplatz der Trostlosigkeit, und doch schien auch er irgendwie verklärt. Diese Liebe, diese christliche Liebe, die auf das Elend scheint, das wir verursachen, und in unsre dunklen Herzen, die es verursachen, sie verklärt alles, vereint alles und macht aus allem eine erstaunli-

che Harmonie. Einen Augenblick lang verstand ich es; dann wurde ich, mich in meine amerikanische Limousine zurücklehnend, zum Frühstück gefahren, um in meinem eignen Müllhaufen zu wühlen.
Ich sollte wohl noch hinzufügen, daß Mutter Teresas vielgeliebte Heimat im jugoslawischen Albanien liegt und daß sie bäuerlicher Herkunft ist. Das wird in ihrer Erscheinung und Haltung sichtbar und in der Art, wie sie die Dinge sieht. Ohne die ihr gewährte besondere Gnade wäre sie vielleicht eine ziemlich harte und sogar habgierige Person. Gott hat diese Eigenschaften für seine Zwecke verwandelt. Ich habe nie einen weniger sentimentalen, weniger verstiegenen, praktischer denkenden Menschen getroffen. So gehen ihre Aussätzigen, bevor Mutter Teresa sie in geeigneten Heimen untergebracht hat, wo sie zusammen ein nützliches, produktives Leben führen können, weiter auf den Straßen Kalkuttas betteln, wenn sie es wünschen. „Es ist interessant für sie", erklärte sie mir. Wenn sie sie bei der Rückkehr zufällig sieht, fragt sie, wie sie zurechtgekommen sind. Nicht besonders gut, schien es, an dem Tag, als ich bei ihr war. Mit ihnen bedauerte sie ihre geringen Einkünfte. Es war sehr schön zu sehen, wie sie mit ihnen so eifrig und mit so lebhafter Anteilnahme über das sprach, was ihnen nahe lag. Heilige, so überlegte ich, gleichen weit eher alltäglichen als berühmten Frauen – ein Gedanke, der mich mit Befriedigung erfüllte.
Während Mutter Teresa in der Loretto-Klosterschule als Lehrerin tätig war, geschah der zweite

große Durchbruch in ihrem Leben, die Berufung in der Berufung, wie sie es ausdrückt. Sie mußte einmal in eine der ärmsten Straßen Kalkuttas gehen – und wo könnte es ärmere geben? – und erkannte plötzlich, daß sie hierher gehörte, nicht in ihr Lorettokloster mit seinem hübschen Garten, den braven Schulmädchen, den gleichgesinnten Kolleginnen und der befriedigenden Arbeit. Wieder waren einziges Hindernis ihrer neuen Berufung das Glück und die glücklichen Beziehungen, die preiszugeben diese Berufung erforderte. Es mag merkwürdig klingen, einen religiösen Orden als unziemlich leichte Lebensform anzusehen, aber so sah Mutter Teresa es im Gegensatz zu dem Leben der Ärmsten in Kalkutta. Sie mußte zwei Jahre warten, ehe sie von den Gelübden entbunden wurde, die sie bereits abgelegt hatte, um in die Welt zurückgehen zu können und dort viel strengere Gelübde eigenen Entwurfs auf sich zu nehmen. Ich muß hinzufügen, daß sie kirchliche Autorität auf die gleiche bedingungslose Art annimmt, wie die Bauern das Wetter und die Seeleute Stürme hinnehmen. Es würde ihr weder einfallen, sie zu verehren, noch sie herauszufordern. Und so wartete sie eben geduldig. Als ihre Entlassung endlich kam, ging sie mit ein paar Rupien in der Tasche weg, machte sich auf den Weg in das ärmste, elendeste Viertel der Stadt, fand dort eine Unterkunft, sammelte ein paar verlassene Kinder um sich – es gab viele, aus denen sie wählen konnte – und begann ihren Liebesdienst. Diese Tat höchsten, manche würden sagen unerhörten Muts und Glaubens machte auf mich einen besonders starken Eindruck, als ich davon erzählen hörte. Ich lebte in der Mitte der dreißiger Jahre zufällig für 18 Monate oder so in Kalkutta, wo ich für die Zeitung *Statesman* arbeitete, und fand den Ort trotz aller Annehmlichkeiten eines europäischen Lebens – Kühlschrank, Diener, Morgenritt rund um den Maidan oder draußen beim Jodhpur-Club und so weiter – kaum erträglich. Die Verhältnisse waren damals keineswegs so schlecht, wie sie es heute sind; zum Beispiel waren noch keine Flüchtlinge aus einem neugeschaffenen und grotesk entworfenen Pakistan eingeströmt. Und doch waren sie schlecht genug, und ich hielt die Stadt immer für einen der düsteren Orte unsrer Zeit, wo die ungeheuren Reichtümer, die aus Jute und andern Industrien gewonnen werden, nur dazu dienten, den menschlichen Schutt, aus dem sie gewonnen wurden, noch höher anzuhäufen. So bewies die freie Wahl, wie Mutter Teresa sie getroffen hatte, in den Slums von Kalkutta, inmitten von Schmutz und Krankheit und Elend zu leben, einen so unbeugsamen Geist, einen so unbändigen Glauben, eine so überströmende Liebe, daß ich mich beschämt fühlte.

Als ich darüber nachdachte, fiel mir ein besonderes Ereignis ein, das mich damals nachhaltig beeindruckt hat, so sehr, daß es mich manchmal bis in meine Träume verfolgt. Ich ließ mich eines Abends in meinem Auto fahren, als mein Fahrer jemanden anfuhr, was damals genau so leicht geschehen konnte wie heute bei den überfüllten Gehsteigen, die manchmal bis auf die Fahrbahn überquollen. Mit großer Wendigkeit und mit der Kenntnis von den Krawallen, die so leicht entstehen können, wenn ein europäisches Auto in einen Unfall verwickelt wird, sprang mein Fahrer hinaus, packte den Verletzten, setzte ihn neben sich und fuhr mit Höchstgeschwindigkeit zum nächsten Krankenhaus. Dort bestand ich selbstgerecht darauf, zuzusehen, daß der Mann gebührend versorgt wurde (wie sich herausstellte, war er nicht ernsthaft verletzt), und da ich ein Sahib war, konnte ich ihm in die Notstation folgen. Es war ein Schauplatz unvorstellbaren Durcheinanders und Schreckens mit Patienten auf dem Fußboden, in den Fluren, überall. Während ich wartete, wurde ein Mann hereingebracht, der sich gerade die Kehle von Ohr zu Ohr durchgeschnitten hatte. Das war zu viel; ich floh, zurück in meine behagliche Wohnung und zu einem steifen Whisky mit Soda, um mich in den folgenden Jahren über die elenden sozialen Verhältnisse Bengalens zu verbreiten, und was für einen Skandal sie darstellten und wie sehr man hoffte, daß die zuständigen Behörden ... und so weiter.

Ich lief weg und blieb weg; Mutter Teresa ging hin und blieb. Das war der Unterschied. Sie, eine Nonne, ziemlich schmächtig gebaut, mit ein paar Rupien in der Tasche, nicht besonders gewandt oder besonders begabt in der Kunst der Überredung. Eben nur mit der christlichen Liebe, deren Leuchten um sie herum war, in ihrem Herzen und auf ihren Lippen. Einfach nur bereit, ihrem Herrn zu folgen, in jedem menschlichen Wrack, das man ausgestoßen hat, um auf der Straße zu sterben, ihn zu sehen; in dem Schrei jedes verlassenen Kindes, ja sogar im winzigen Quieken einer abgeworfenen Leibesfrucht den Schrei des Kindes von Bethlehem zu hören; in den Armstümpfen jedes Aussätzigen die Hände zu erkennen, die einst blinde Augen berührt und sehend gemacht haben, auf verwirrte Köpfe gelegt worden sind und sie beruhigt haben, dem kranken Fleisch und verkrüppelten Gliedern Heilung gebracht haben. Was meine Auslassungen über die elenden sozialen Verhältnisse Bengalens angeht, ich bedaure, sagen zu müssen, daß ich mir gar nicht sicher bin, ob sie in einer göttlichen Rechnung auch nur einem einzigen seltsamen halben Lächeln, das Mutter Teresa einem Straßenjungen bei flüchtiger Begegnung schenkt, gleichgesetzt werden. Was die Armen, so sagt Mutter Teresa gern, noch nötiger brauchen als Nahrung und Kleidung und Unterkunft (obwohl sie auch diese verzweifelt nötig haben), ist, erwünscht zu sein. Es ist der Zustand des Ausgestoßenseins, den ihre Armut ihnen auferlegt, der sie am meisten quält. Sie hat in ihrem Herzen einen Platz für sie alle. Für sie sind sie alle Kinder Gottes, für die Christus gestorben ist und die daher alle Liebe verdienen. Wenn Gott die Haare auf dem Kopf eines jeden zählt, wenn keiner von der Erlösung ausgeschlossen ist, die der Kreuzestod anbietet, wer will es dann wagen, sie von den irdischen Segnungen und der irdischen Achtung auszuschließen, dieses Leben, das man besser beendet oder nie begonnen hätte, als unerwünscht zu erklären? Ich habe nie ein so vollkommenes Gefühl für menschliche Gleichheit verspürt wie bei Mutter Teresa inmitten ihrer Armen. Ihre Liebe zu ihnen, die Gottes Liebe widerspiegelt, macht sie gleich, wie Brüder und Schwestern in einer Familie gleich sind, mögen sie sich auch in geistigen und andern Anlagen, in körperlicher Schönheit und Anmut noch so sehr unterscheiden. Dies ist die einzige Gleichheit, die es auf der Erde gibt, und sie kann nicht in Gesetze gefaßt, durch Gewalt erzwungen oder durch Protest und Aufruhr gefördert werden, da sie allein aus der Liebe Gottes fließt, die wie der Regen vom Himmel auf Gerechte und Ungerechte, auf Arme und Reiche gleicherweise fällt. Wenn ich mit Mutter Teresa durch die Straßen Kalkuttas fuhr, bemerkte ich, wie sie bei der Fahrt durch bessere Stadtviertel unruhig und beklommen zu werden pflegte. Der Anblick von so vielen zu andern Zwecken bestimmten Gebäuden, die sie hätte verwenden können, um ihre Armen unterzubringen, bedrückte sie. Besonders bei einem, wie ich mich erinnere, blickte sie geradezu finster drein; es handelte sich um eine außergewöhnlich häßliche, aber immer noch große und solide Gedächtnisstätte für Königin Victoria, die Curzon errichtet hatte, als er Vizekönig war. Sie wäre, sagte sie, gerade richtig für sie. Wie wohl der Geist von Lord Curzon auf dieses Ansinnen geantwortet hätte? Es würde mich übrigens nicht im geringsten überraschen, wenn es in die Tat umgesetzt würde. Wenn sie wieder in ihrem eigenen Stadtteil war, beruhigte sie sich. Ihre und ihrer Schwestern und Brüder Gleichsetzung mit den Armen ist keine bloße Redensart. Sie essen die gleiche Speise, tragen die gleiche Kleidung, besitzen ebensowenig, dürfen keinen Fächer oder andre Mittel zur Linderung in der drückenden Hitze Bengalens haben. Selbst in ihre Gebete dringen der Krach und Lärm der Straße, damit sie auch nicht einen Augenblick lang vergessen, warum sie dort sind und wohin sie gehören.

Ich traf Mutter Teresa persönlich zum erstenmal vor etwa drei Jahren in einem religiösen Haus in der Nähe von Portland Place, wo ich für die BBC ein Fernsehinterview mit ihr durchführte. Alles, was ich über sie wußte, hatte ich, wie das nun mal so geht, im Zug nach London noch schnell zusammengelesen. Das Interview war in großer Eile dank der Initiative von Oliver Hunkin, dem ich dafür ewig dankbar bin, zustande gekommen. Als ich auf sie wartete, überlegte ich mir passende Fragen; die Kamera, die Lichter, das Tonaufnahmegerät, alles war bereit; eine mir verzweifelt vertraute Szene. Dann kam sie herein. Für mich war es einer der besonderen Augenblicke, wenn ein bisher unbekanntes Gesicht sich von allen andern Gesichtern als einmalig anders und einmalig bedeutend abhebt, um von nun an für immer bekannt zu sein. Obwohl wir selbstgefällige und sinnliche Zwecke mit einer Begierde verfolgen, die auch fortschreitendes Alter nicht ganz heilen kann, erkennen wir doch mit Entzücken den Geist, der sich von solchen Zwecken losgesagt hat. Was wir am meisten wünschen, verschmähen wir am meisten, und doch geben wir unser Herz, wo unsre Hoffnungen und Wünsche am fremdesten sind. Und so wußte ich, daß die Erinnerung an Mutter Teresa, auch wenn ich sie nie wiedersähe, immer in mir bleiben würde. Wie es bestimmt geschehen wird. Fernsehinterviews sind eine Art von Hypnose. Sie besitzen eine gewisse Eigengesetzlichkeit. Wenn man sie nachher zu sehen bekommt, sieht und hört man sich als völlig Fremden – eine bedrückende Erfahrung. Der ganze Vorgang ist von der Wirklichkeit so weit entfernt, wie es ein synthetisches Nahrungsmittel – etwa eine Schinken-mit-Ei- oder Steak-mit-Nieren-Paste in der Form grauer, anonymer Partikel, die nur erhitzt zu werden brauchen, um die gewünschte Mahlzeit zu liefern – von richtiger Nahrung ist. Ich kann nicht sagen, daß sich mein Interview mit Mutter Teresa damals von den allgemein üblichen zu unterscheiden schien. Ich stellte die erwarteten Fragen: Wann hatte sie die besondere Berufung zum erstenmal gespürt? Irgendwelche Zweifel oder Bedauern? Usw., usw. Es wäre leicht, eine kleine Allzweck-Fragenreihe für jeden zu jeder Zeit zu liefern. Mutter Teresas Antworten waren völlig einfach und völlig wahr; so sehr, daß ich Mühe hatte, das Interview die geforderte halbe Stunde lang in Gang zu halten. Eine Kontroverse, die Seele solcher Programme, kommt bei denen, die wie Mutter Teresa mit Gewißheit gesegnet sind, nicht auf. Sollten Sonne und Mond zu zweifeln anfangen, würden sie sofort ausgehen, hat Blake geschrieben. Er hätte hinzufügen können, daß sie dadurch automatisch auch Gegenstand einer Kontroverse werden würden. Führende Fernsehsprecher diskutieren unaufhörlich,

was sie nicht wissen, und versuchen zu beweisen, was sie immer bezweifeln müssen.
Das extremste Beispiel dieser Neigung der Reinen im Herzen, lakonisch zu antworten, dem ich je begegnet bin, war P. G. Wodehouse, der, als ich ihn fragte, ob er sich überhaupt schon mal für Religion interessiert habe, schlicht mit nein antwortete. Mutter Teresa war fast genau so lakonisch, als ich sie fragte, ob sie nicht glaube, daß die Not, mit der sie in Kalkutta fertig zu werden versucht, eine Regierungsbehörde erfordere, die über wesentlich größere Hilfsquellen an Geld und Menschen verfügte als ihre Schwestern der Nächstenliebe. Je mehr die Behörden täten, um so besser, sagte sie; was sie und die Schwestern zu bieten hätten, sei etwas anderes – christliche Liebe. Kritik an Mutter Teresa richtet sich oft gegen den, verglichen mit der Not, unerheblichen Umfang an Arbeit, die sie und ihre Schwestern leisten. Es wird sogar unterstellt, daß sie, da sie scheinbar mehr leistet, als sie wirklich tut oder kann, möglicherweise die Behörden in einen Zustand der Gleichgültigkeit einlullt, die der Lage keineswegs gerecht wird, oder ihnen mindestens Entschuldigungsgründe für ihre Untätigkeit liefert. Außerdem weist man darauf hin, daß ihre notwendigerweise beschränkten medizinischen Mittel und ihre angeblich altmodischen Methoden ihre Wirksamkeit schmälern. Es ist natürlich völlig richtig, daß das, was sie erreicht, statistisch gesehen, wenig, ja sogar unbedeutend ist. Aber das Christentum sieht das Leben nicht statistisch. Daß im Himmel mehr Freude herrscht über einen Sünder,

der Buße tut, als über alle Gerechte, ist eine antistatistische Feststellung. Und das gilt auch für die Arbeit der Missionare der Nächstenliebe. Mutter Teresa sagt, daß Wohltätigkeit einem Zweck dient, einem bewundernswerten und notwendigen, christliche Liebe aber einer Person. Bei der einen geht es um Zahlen, bei der andern um einen Menschen, der auch Gott war. Darin liegt der wesentliche Unterschied zwischen den Diensten der Wohlfahrt und dem Dienst Christi. Man stelle sich Bernard Shaw und einen Geisteskranken auf einem Floß vor, das nur einen von ihnen tragen kann. Nach weltlichen Begriffen wäre es für Shaw selbstverständlich, den Geisteskranken ins Meer zu stoßen und sich selbst zu retten, damit er weitere Stücke zur Erbauung der Menschheit schreiben kann. Christlich gesehen, verleiht es dem menschlichen Leben selbst neuen Glanz von größerem Wert als alle Stücke, die je geschrieben worden sind oder je geschrieben werden, wenn man selbst abspringt und dem Geisteskranken das Floß überläßt. Ich gebrauchte dieses Beispiel einmal an einem Sonntagnachmittag Sidney Webb gegenüber, einem der Begründer des Wohlfahrtsstaats, als wir in den Buschwäldern von Hampshire spazierengingen. Aber es machte keinen Eindruck.
Ferner stellte ich in meinem Interview mit Mutter Teresa die Frage, ob es angesichts der allgemein vertretenen Ansicht, daß es zu viele Menschen in Indien gibt, überhaupt der Mühe wert sei, den Versuch zur Rettung einiger weniger verlassener Kinder zu machen, die sonst aller Voraussicht nach an Vernach-

lässigung, Unterernährung oder einer damit zusammenhängenden Krankheit sterben würden. Wie sich anschließend herausstellte, war das eine Frage, die ihrer ganzen Anschauung vom Leben so sehr widersprach, daß sie Schwierigkeiten hatte, sie zu verstehen. Die Auffassung, daß es unter irgendwelchen Umständen zu viele Kinder geben könnte, war ihr genauso unfaßbar, als wenn man ihr gesagt hätte, es gäbe zu viele Glockenblumen in den Wäldern oder zu viele Sterne am Himmel. In dem Film, den wir in Kalkutta drehten, gibt es eine Aufnahme von Mutter Teresa, wie sie einen winzigen Säugling in ihren Händen hält; so winzig, daß schon sein Dasein ein Wunder scheint. Während sie dieses Kind hält, sagt sie mit einer Stimme und einem Ausdruck wundervollster und bewegender Verzückung: „Seht! Es ist Leben in ihr!" Ihr Gesicht leuchtet und triumphiert, als sei sie die Mutter von uns allen, die wir frohlocken über das, was wir alle besitzen, dieses Leben in uns, in unserer Welt, im Weltall, das, ob es schwach flackert oder hellauf brennt, immer eine göttliche Flamme ist, die kein Mensch auszulöschen sich anmaßen darf, mögen seine Motive noch so menschlich und aufgeklärt sein.

Anderes zu glauben hieße einem Todeswunsch Vorschub leisten. Entweder ist das Leben immer und unter allen Umständen heilig oder an sich ohne Belang; es ist undenkbar, daß es in einigen Fällen so und in anderen anders sein soll. Der Gott, den Mutter Teresa anbetet, kann, so hat man uns gesagt, keinen Sperling ohne Anteilnahme zu Boden fallen sehen.

Für den Menschen, der nach Gottes Bild geschaffen ist, wäre es etwas Schreckliches, das notwendig schreckliche Folgen haben müßte, wenn er sich von dieser universalen Liebe abwendete und sein eigenes Urteil auf seine Befürchtungen und Ungereimtheiten aufbaute. Unsere Generation hat technologische Fähigkeiten entwickelt, mit denen sie praktisch unbegrenzte Mengen von allem, was sie braucht und wünscht, erzeugen kann und die es ihr außerdem ermöglichen, das Weltall zu erforschen und vielleicht zu kolonisieren. Was aber wird, so frage ich mich, eine Nachwelt – sofern sie überhaupt an uns und an unseren Handlungen interessiert sein sollte, von dieser Generation halten, die zugleich von einer panischen Furcht besessen war, bald nicht mehr genug Nahrung oder Raum zu besitzen. Das wird sicherlich als eine der lächerlichsten, schädlichsten und verächtlichsten Haltungen angesehen werden müssen, die je in der ganzen menschlichen Geschichte eingenommen worden sind; wenn sie auch schon ihr eigenes Korrektiv enthält. Dadurch, daß die Vorkämpfer und Praktiker der Geburtenkontrolle einer eingebildeten Gefahr zu begegnen suchen, löschen sie sich automatisch selbst aus und überlassen so die Zukunft den Fruchtbaren. Ein interessanter Fall von Gruppenselbstmord.

Ich kann nicht behaupten, daß ich, nachdem es vorüber war, das Gefühl gehabt hätte, etwas besonders Denkwürdiges in meiner Fernsehunterhaltung mit Mutter Teresa aufgezeichnet zu haben. Ich nahm an, daß die Kamera wie üblich alles Wirkliche und Le-

Eine kranke Frau umarmt Mutter Teresa
Bild nächste Seite: Mutter Teresa hilft einem Jungen, der zu schwach ist, selbst zu essen

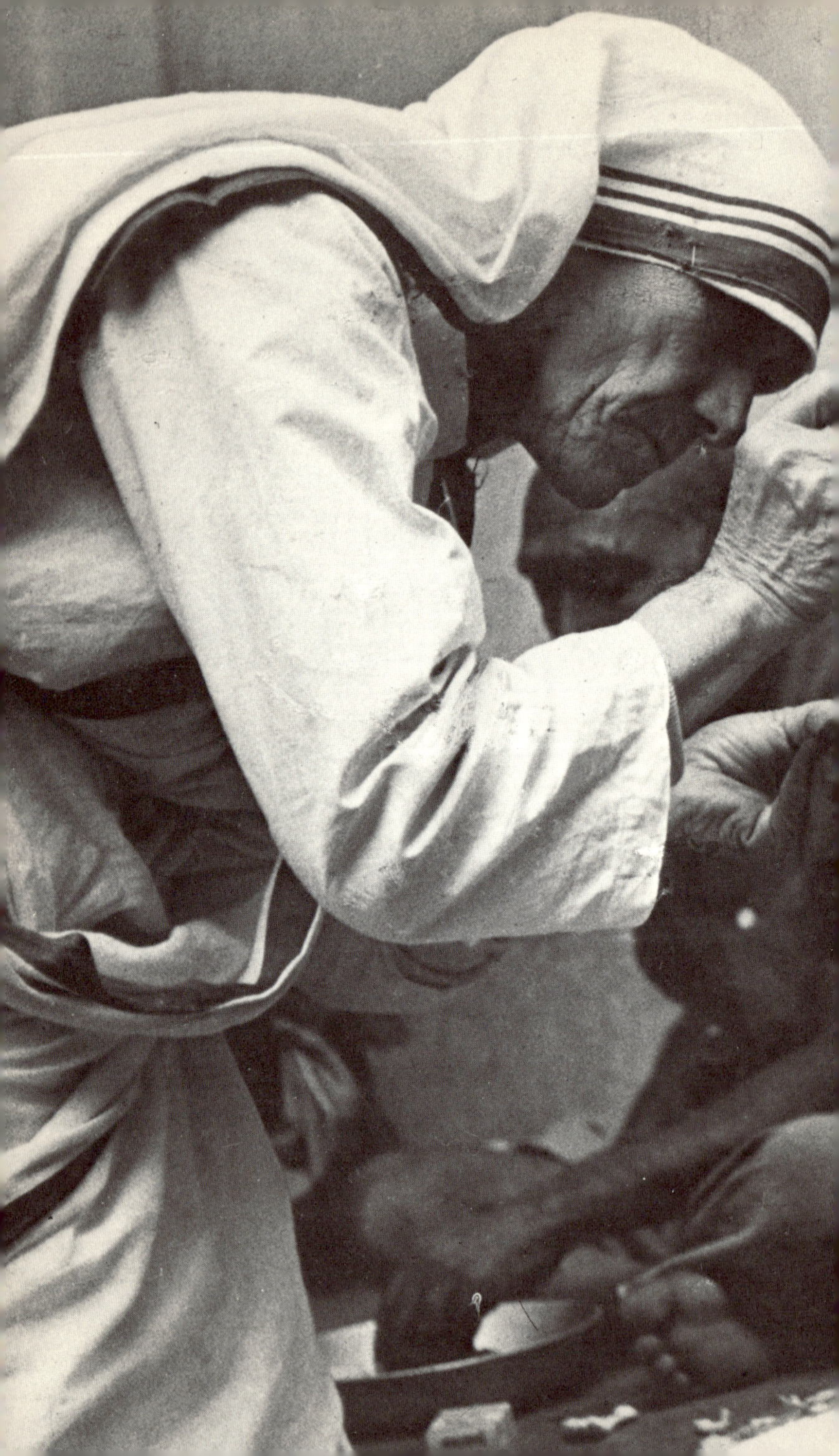

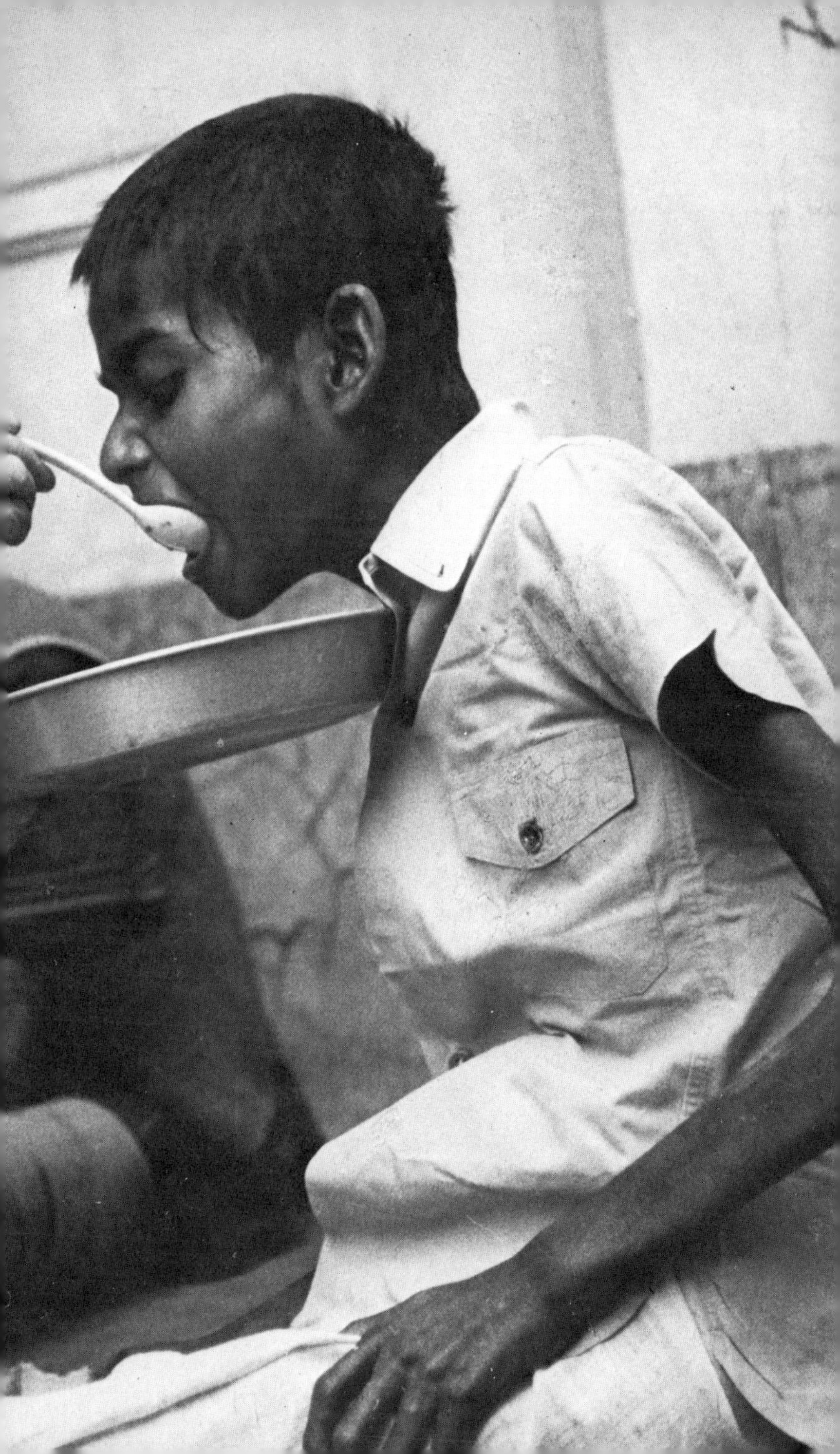

bendige in dem, was ich porträtiert hatte, weggewischt haben würde. Die Kamera hat eine erstaunliche Fähigkeit, so etwas zu tun. Mehr noch, je mehr ihre Bildschärfe und Präzision verbessert werden, desto größer wird der Verlust an Lebenskraft. Eine vollkommene Kamera würde vollkommene Unwirklichkeit erzeugen und uns und unsere menschliche Szenerie in eine Art universales Wachsfigurenkabinett der Madame Tussaud umwandeln, etwas, was übrigens schon im Gang ist. Das Urteil über das Interview mit Mutter Teresa lautete, daß es technisch kaum verwendbar war, und es gab eine Zeitlang einen gewissen Zweifel, ob es gut genug war, um überhaupt, außer am späten Abend, gezeigt zu werden. Schließlich – wieder dank Oliver Hunkin – wurde es an einem Sonntagabend gesendet. Der Widerhall war größer als bei irgendeinem mir bekannten vergleichbaren Programm, sowohl an Post als auch an Geldspenden für Mutter Teresas Werk. Ich selbst erhielt viele Briefe mit Schecks und Geldüberweisungen, die sich von ein paar Schilling bis zu Hunderten von Pfund beliefen. Sie kamen von jung und alt, reich und arm, Gebildeten und Ungebildeten, von Leuten aller Art und aller Verhältnisse. Alle sagten ungefähr das gleiche – diese Frau hat mich angesprochen wie keine andere, und ich habe das Gefühl, daß ich ihr helfen muß.

Es gibt endlose Diskussionen darüber, wie man ein Massenmedium wie das Fernsehen für christliche Zwecke verwenden kann, und alle möglichen Formen werden versucht, von Dialogen mit gelehrten

Mutter Teresa hält
ein krankes Kind im Arm

Atheisten und Humanisten bis zu Popversionen der Psalmen und psychedelischem Gerangel. Hier war die Antwort. Man bringe einfach ein von christlicher Liebe leuchtendes und überfließendes Gesicht auf den Bildschirm; jemanden, für den die Welt nichts und der Dienst Christi alles ist; jemanden, der aus der Knechtschaft des Ichs und des Fleisches wiedergeboren ist in die glorreiche Freiheit der Kinder Gottes. Dann spielt es keine Rolle, wie das Gesicht beleuchtet und aufgenommen wird; ob von vorn oder im Profil, als Nahaufnahme oder Totale; was für Fragen oder von wem sie gestellt werden. Die Botschaft kommt an, wie beim heiligen Paulus, der, so scheint es, weder besonders schlagfertig noch photogen gewesen ist. Es mag auf den ersten Blick überraschend erscheinen, daß eine unbekannte Nonne jugoslawischer Herkunft, vor der Kamera sehr nervös, wie deutlich zu sehen war, und mit ein wenig stokkender Stimme, auf englische Fernseher an einem Sonntagabend wirkte wie kein professioneller christlicher Apologet, Bischof, Erzbischof, Moderator oder lärmender progressiver Demonstrant im geistlichen Gewand. Aber genau das geschah zur Überraschung aller beruflich Betroffenen, mich eingeschlossen. Die Botschaft war die gleiche, die in der Welt zum erstenmal vor zweitausend Jahren gehört worden ist; wie Mutter Teresa gezeigt hat, hat sie ihren Sinn nicht gewandelt und ihren Zauber nicht verloren. Wie damals wird sie auch heute noch verkündet „nicht in den überredenden Worten der Weisheit, sondern in der Bekundung des Geistes und

der Kraft; damit euer Glaube sich nicht gründe auf Weisheit von Menschen, sondern auf die Kraft Gottes".
Die Sendung mit Mutter Teresa wurde auf viele Bitten hin recht bald wiederholt, und der Widerhall war noch größer als bei der Originalsendung. Insgesamt fanden etwa 20 000 Pfund ihren Weg zu den Mitarbeitern Mutter Teresas, einer Organisation von Leuten, von denen viele in Kalkutta wohnen und dort Mutter Teresas Zauber verfallen sind. Sie bemühen sich ständig und treu um ihre Sache. In dem Programm wurde nicht zu Spenden aufgerufen, aber natürlich braucht Mutter Teresa Geld; desto mehr, je mehr sich ihr Werk ausbreitet. Geld ist eine Sache, für die sie einen äußerst praktischen Blick hat. Als der Papst Indien besuchte, schenkte er ihr beim Abschied sein weißes Prunkauto. Sie machte nicht eine einzige Fahrt darin, sondern veranstaltete geschäftstüchtig eine Verlosung mit dem Auto als Preis und machte dabei genug Geld, um ihre Aussätzigenkolonie beginnen zu können. Wenn Reiche zu ihr kommen, können sie sich darauf verlassen, weniger reich wegzugehen, und das betrachtet sie als große Gunst für die Reichen. Anderseits hat sie nie Regierungszuschüsse für ihr medizinisches und soziales Werk angenommen. Das, so sagt sie mit dem gewohnten spöttischen Lächeln, würde Buchführung beinhalten. Ich verstehe den Grund. Die ganze Verwaltung ihrer Organisation wird von zwei Nonnen mit einer klapprigen Schreibmaschine erledigt. Wenn man mit Wirtschaftsprüfern oder ähnlichem zu tun bekäme,

müßte diese Abteilung erweitert werden, und sie verabscheut jeden Augenblick und jeden Pfennig, die für anderes vertan werden als für die Erfüllung der zwei Gebote Christi: Gott zu lieben und den Nächsten. Tatsächlich ist die Tüchtigkeit, mit der alles verwaltet wird, bemerkenswert. Computer könnten da nur schaden.
Ihre eigene Schreibarbeit verrichtet sie nachts, wenn die Schwestern schlafen. Sie schreibt ihre meisten Briefe mit eigener Hand. Ich besitze eine Anzahl, die mir teuer sind. Niemand weiß, wann sie schlafen geht, aber sicher sind ihre Nächte oft sehr kurz. Das hindert sie natürlich nicht daran, morgens früh zum Gebet und zur Messe zu erscheinen. Manchmal kann man sehen, daß sie müde ist; das verrät sich aber durch nichts in ihrer Haltung oder im Ausdruck oder beim Sprechen, nur durch eine gewisse Spannung um die Augen herum, die aber dennoch mit unerschütterlicher Heiterkeit in die Welt schauen. Sorgt sie sich? Wie sie verantwortlich zu sein für Häuser in verschiedenen Teilen der Welt und für alle damit verbundenen Tätigkeiten, ebenso wie für eine ständig wachsende Zahl von Schwestern in unterschiedlichen Stadien der Ausbildung, ohne festes Einkommen, würde den meisten Menschen Sorge bereiten. Es hat, wie ich weiß, Zeiten gegeben, als von dem einen oder andern Haus Nachricht kam, daß kein Geld mehr da war. Dann müßt ihr eben betteln, hat Mutter Teresa ihnen dann wohl gesagt. Sie würde das, glaube ich, selbst freudig tun. Betteln ist, wenn es für Christus geschieht, eine sehr schöne Tätigkeit

und keineswegs erniedrigend. Schließlich waren die ersten Christen meist Sklaven. Wie Simone Weil sagt, ist das Christentum eine Religion für Sklaven; wir müssen selbst zu Sklaven und Bettlern werden, um Christus zu folgen. Trotz der chronischen Geldknappheit der Schwestern der Nächstenliebe erstaunte und, so muß ich sagen, entzückte Mutter Teresa mich, als ich behilflich gewesen war, ein paar hundert Pfund in ihre Richtung zu lenken, dadurch, daß sie sie für einen Kelch und ein Ziborium für ihr neues Noviziat verwandte: „So", schrieb sie, „werden Sie täglich auf dem Altar nahe dem Leibe Christi sein." Ihre Handlung mag, so nehme ich an, ebenso kritisiert werden wie einst die Verschwendung von Salböl, aber mich erfüllte sie damals und später mit einem tiefen Gefühl der Befriedigung.

Nach dem Erlebnis des Interviews mit Mutter Teresa hatte ich den verzehrenden Wunsch, nach Kalkutta zu gehen und an der Herstellung eines Fernsehprogramms über sie und ihr Werk teilzunehmen. Das wurde im Frühling 1969 dank der BBC möglich. Die Anstalt wird sehr oft so oder so kritisiert, meist zu Recht. Ich habe meinen Teil dazu beigetragen. Tatsache aber ist, daß sie bereit war, für ein Programm, wie wir es in Kalkutta gemacht haben, zu zahlen, ein Programm, das kein kommerzieller Sender je herstellen würde, besonders, da es keine Möglichkeiten der Werbung bietet. Eher im Gegenteil; Mutter Teresas Weise, das Leben zu sehen, ist unfruchtbarer Boden für Werbetexter, und die Ärmsten der Armen, die sie pflegt, bieten wenig für den Produktionsindex. Ich bin daher sehr dankbar. Unser Produzent und Direktor war Peter Chafer, mit dem ich bei einer ziemlichen Menge von verschiedenen Programmen immer ohne Schwierigkeiten und zufriedenstellend gearbeitet habe; unser Kameramann war Ken Macmillan, der sich bei der Kenneth-Clark-Serie *Civilisation* mit Ruhm bedeckt hat. Lord Clark sagte, als er mit mir über Kens Arbeit sprach, daß sie eine sehr besondere eigene Qualität habe, weil er Künstler sei. Ich teile seine Auffassung.

Wir kamen auf dem Flughafen Kalkutta an einem der feuchtschweren Tage an, für die Bengalen bekannt ist. Die Luft scheint sich in Wasser niederzuschlagen, während man sie atmet, und jeder Augenblick kostet einen eine gewaltige Anstrengung, als bewege man wassersüchtige Glieder. Ein Generalstreik war, so sagte man uns, für den nächsten Tag organisiert, was einer ohnehin schon überhitzten Atmosphäre ein zusätzliches Gefühl der Spannung gab. Da wir nur fünf Tage fürs Filmen zur Verfügung hatten, beschlossen wir, fast sofort zur Lower Circular Road Nr. 54a, dem Wohnsitz der Schwestern der Nächstenliebe, zu fahren. Mutter Teresa erwartete uns im kleinen Hof ihres Hauses. Ihr Anblick, ja schon der Gedanke an sie gibt mir immer ein tiefes Gefühl des Glücks. Diesmal mehr denn je, als Gegenwirkung auf das dunkle Gefühl der Spannung und Angst ringsum. Es war kennzeichnend für sie, daß sie, nachdem sie zuerst unsern Besuch mit Kameras abgelehnt hatte, jetzt, da sie endlich zugestimmt hatte, uns ihre volle Mitarbeit für die bewilligten fünf Tage schenkte. Sie hat eine tiefverwurzelte und wohlbegründete Abneigung gegen die ganze Prozedur des Filmens, die unter anderm durch einen reizend überredenden Brief von Kardinal Heenan überwunden werden mußte. Sie antwortete dem Kardinal: „Wenn dieses Fernsehprogramm den Leuten helfen wird, Gott mehr zu lieben, dann wollen wir es haben, aber unter einer Bedingung: daß die Brüder und Schwestern eingeschlossen werden, da sie die Arbeit tun." Diese Bedingung, darf ich sagen, wurde getreulich erfüllt.

Das Haus hat architektonisch oder in andrer Hinsicht nichts Besonderes zu bieten. Es ist einfach ein größeres Haus in Kalkutta, wahrscheinlich früher von einem wohlhabenden Vakil und seiner von ihm abhängigen Sippe bewohnt. Doch hat der Innenhof, in dem ich manche Stunde während des Filmens zubrachte, in meiner Erinnerung etwas Köstliches, als sei er einer der Höfe in der Provence, wo der Wein die Wände hochklettert und sich schattenspendend ausbreitet, und nicht statt dessen einfach ein nackter Raum zwischen Mauern, auf den die Sonne hinunterbrennt und in den von draußen das Kreischen der Straßenbahn, die Schreie und das unaufhörliche Geräusch vorbeigehender nackter oder beschuhter Füße einer Straße in Kalkutta hereindringen. Während Ken und der Tonaufnehmer ihre Geräte aufstellten, schlug Mutter Teresa mir vor, in die Kapelle zu gehen. Ich stimmte gern zu. Die Kapelle ist ein langer Raum, deren Fenster auf die Straße gehen; am Ende ein Altar, matt über dem Boden schimmernd und ohne jeden Schmuck. Auch dort dringt, wie ich schon erwähnt habe, der Straßenlärm immer herein. Wir knieten Seite an Seite. Mir ist Beten in bestimmten Anliegen immer sehr schwer gefallen. Irgendwie scheint mir die Vorstellung, Gott um bestimmte Dinge zu bitten, unziemlich, wenn nicht unsinnig. Ich winde mich, wenn ich smarte Geistliche Gott bitten höre, für unsre Zahlungsbilanz zu sorgen oder die Handelsbeziehungen besser den Interessen der unterentwickelten Länder anzupassen oder bei der nächsten allgemeinen Wahl dafür zu sorgen, daß der Beste gewinnt. Auch, wenn altmodische Evangelische, sicher mit größter Aufrichtigkeit, erzählen, wie Gott als Antwort auf ihre Gebete ihre Geschäfte gedeihen ließ oder sie mit einem besonders ergiebigen Kunden in Verbindung gebracht hat. Auf dem ganzen Feld unsrer materiellen Wohlfahrt, individuell oder kollektiv, kann ich nichts finden, was ich Gott sagen könnte, außer: Dein Wille geschehe. Wenn es wahr ist, was der heilige Paulus uns sagt – und es ist sicher wahr –, daß alle Dinge zum Guten zusammenwirken für die, welche Gott lieben, dann ist alles, was von uns gefordert wird, daß wir Gott lieben und in der Liebe zu ihm seine Absichten erfüllen. Aber dennoch gibt es ein Gebet des heiligen Augustinus, der von sich einst, wie ich es muß, als einem Wortverkäufer sprach, das ich oft und auch bei dieser Gelegenheit, neben Mutter Teresa kniend, aufgesagt habe: „Laß mich dir den Dienst meiner Gedanken und meiner Zunge als Opfer anbieten, aber gib mir erst, was ich dir opfern kann." Ich habe einst meine eigene Fassung auf das Deckblatt der Taschenbuchausgabe von Augustinus' *Bekenntnissen* gekritzelt: „O Gott, bleibe bei mir. Laß kein Wort über meine Lippen kommen, das nicht dein Wort ist, keinen Gedanken in meinen Geist eindringen, der nicht dein Gedanke ist, mich keine Tat je tun oder planen, die nicht deine Tat ist." Die Notiz ist, wie ich sehe, vom 7. April 1968 in Salem, Oregon datiert.

Als ich Kalkutta verließ, gab mir Mutter Teresa ein Exemplar des kleinen Gebetbuchs, das sie und die Schwestern gebrauchen. Wie ihr Gesangbuch ist es, nicht sehr gekonnt, vervielfältigt. Die Ausgaben für den Druck würden ihr unverzeihlich erscheinen. In mein Exemplar, einen kostbaren Besitz, schrieb sie:

Mach uns würdig, Herr, unsern Mitmenschen in der ganzen Welt, die in Armut und Hunger leben und sterben, zu dienen.

Gib ihnen durch unsre Hand ihr tägliches Brot heute, und durch unsre verstehende Liebe gib ihnen Friede und Freude.

Worte, die sehr einfach und schön ausdrücken, worum es ihr und den Schwestern geht. Die meisten ihrer Gebete und Betrachtungen sind, wie aus den in diesem Buch enthaltenen zu sehen ist, in diesem Stil. „Betet gern", ermahnt sie die Schwestern, da „das Gebet das Herz weit macht, bis es fähig ist, Gott, der sich euch schenkt, aufzunehmen. Betet und sucht, und euer Herz wird groß genug werden, ihn als euer Eigen zu empfangen." Gleichzeitig geht sie in echt evangelischem Stil mit ihren Nöten und Schwierigkeiten zu Gott und wundert sich immer wieder über die vielfältige Antwort, die sie auf jede Bitte, ob groß oder klein, erhält. Diejenigen von uns, die an solchen bestimmten Gebeten nicht teilhaben können, sind nicht etwa intellektuell weiter entwickelt, sondern vielmehr weniger mit Glauben begnadet. Wenn Gott für die Lilien des Feldes so wunderbar sorgt, dann hat Mutter Teresa sicher recht in ihrem Glauben, daß er auch für ihre und ihrer Schwestern und Brüder winzigste Bedürfnisse in ihrem ständigen Bemühen, ihn zu preisen und ihm zu dienen, sorgt.

Wir kamen zusammen von der Kapelle herunter, und das Filmen begann. Es ist nicht nur meine Meinung, sondern die aller Beteiligten, daß es außergewöhnlich glatt und schnell vonstatten ging. Unser nächster Schritt schien immer klar zu sein; es gab keine der üblichen Zusammenbrüche und Krisen. Vor allem gab es keinen Zank und Streit, was sonst bei den besonderen Umständen der Filmherstellung unvermeidlich ist. Gewöhnlich braucht man für die Herstellung eines 50-Minuten-Dokumentarfilms, was unser Film schließlich wurde, zwei bis drei Monate. Die Produktion einer ausreichenden Menge von Filmmetern in fünf Tagen bürdete notwendigerweise allen Beteiligten schwere Anstrengungen auf. Die normale Pausenordnung wurde aufgehoben; es war unmöglich, das aufgenommene Material zu sichten, bevor man anderswo weitermachte, und so gab es keine Möglichkeit, Unzureichendes noch einmal zu machen. Kens Sorgen in dieser Hinsicht waren um so größer, weil die Kamera in der brennenden Sonne sehr heiß wurde und das Filmmaterial beschädigt haben konnte. Wie sich aber herausstellte, war alles gut. Der Ablauf unsrer Dreharbeiten wurde praktisch von Mutter Teresa bestimmt. Nur einmal gab es einen kleinen Meinungsunterschied. Er wurde natürlich ihren Wünschen gemäß beigelegt. Angesichts geänderter Pläne äußerte ich Bedenken, ob wir Mutter Teresas alten, klapprigen Krankenwagen, in dem wir herumfuhren, holen lassen sollten. Peter Chafer, im Umgang mit denen, die mit Gott sind, klüger als ich, sagte, daß wir ihn draußen vorfinden würden, wahrscheinlich mit laufendem Motor. Er hatte recht. All dieses kam, wie jeder, der Erfahrung mit Filmexpeditionen hat, zugeben wird, einer Art Wunder gleich. Es gab ein wirkliches Wunder. Ein Teil der Arbeit der Schwestern ist es, Sterbende auf den Straßen Kalkuttas aufzulesen und sie in ein Gebäude zu bringen, das Mutter Teresa für diesen Zweck geschenkt worden war (ein früherer Tempel, dem Kult der Göttin Kali geweiht), damit sie dort, wie sie sagt, mit dem Blick auf ein liebevolles Gesicht sterben können. Einige sterben tatsächlich; andre überleben und werden versorgt. Dieses Heim für Sterbende ist durch kleine Fenster hoch oben in den Wänden nur schwach erleuchtet, und Ken war der festen Überzeugung, daß Filmen darin ganz unmöglich sei. Wir hatten nur ein kleines Licht bei uns und konnten den Ort in der uns zur Verfügung stehenden Zeit nicht hinreichend erleuchten. Es wurde beschlossen, daß Ken dennoch einen Versuch wagen sollte, aber, um sicher zu gehen, machte er zusätzlich Aufnahmen in einem Außenhof, in dem einige der Insassen in der Sonne saßen. In dem entwickelten Film war der innen aufgenommene Teil in ein besonders schönes, weiches Licht gebadet, während der draußen aufgenommene ziemlich blaß und undeutlich war.

Wie läßt sich das erklären? Ken hat die ganze Zeit darauf bestanden, daß das Ergebnis, technisch gesehen, unmöglich sei. Als Beweis benutzte er bei seiner nächsten Filmexpedition – in den Nahen Osten – das gleiche Material in ähnlich schwacher Beleuchtung, mit völlig negativem Ergebnis. Er weiß keine Erklärung, sondern zuckt nur die Schultern und gibt zu, daß es geschehen ist. Ich selbst bin fest davon überzeugt, daß dies technisch unerklärliche Licht tatsächlich das „Milde Licht" ist, auf das sich Newman in seiner bekannten ausgezeichneten Hymne – neuerdings, wie ich gelesen habe, als unangemessen pessimistisch von modernen Gesangbüchern ausgeschlossen – bezieht. Mutter Teresas Heim für Sterbende fließt über von Liebe, wie man unmittelbar nach dem Betreten spürt. Diese Liebe leuchtet wie die Heiligenscheine, die Künstler rund um die Köpfe von Heiligen gesehen und sichtbar gemacht haben. Ich finde es gar nicht überraschend, daß dieses Leuchten auf einem photographischen Film erscheint. Das Übernatürliche ist nur eine unendliche Projektion des Natürlichen, so wie der fernste Horizont ein Bild der Ewigkeit ist. Jesus legte Schlamm auf die Augen eines Blinden und machte ihn sehend. Es war eine schöne Geste, die zeigte, daß er selbst aus Schlamm seine angeborne Kraft zu heilen und zu bereichern hervorbringen konnte. Das ganze Wunder und die ganze Herrlichkeit des Schlamms, der Jahr für Jahr Geschöpfen ihre Nahrung und unsern Augen das Entzücken an Blumen und Bäumen und Blüten bringt, nahm Form an, um blinden Augen die Sicht wiederzugeben.

Alle, die den Film gesehen haben, stimmen wohl darin überein, daß das Licht im Heim für Sterbende ganz außergewöhnlich lieblich ist. Und das ist in jeder Hinsicht höchst angemessen. Man möchte annehmen, daß sterbende menschliche Wracks von den Straßen gewöhnlich ziemlich abstoßend sind mit ihrem Gestank und ihrem unheimlichen Stöhnen. In Wirklichkeit aber könnte das Heim für Sterbende, wenn es mit Blumen beladen wäre und von Gesängen widerhallen würde, wie es in seinen Tagen als Kalitempel wohl gewesen sein kann, nicht friedlicher und heiterer sein. So vermittelt das Licht vollkommen, wie der Ort wirklich ist; ein äußeres und sichtbares Leuchten, das Gottes innere und unsichtbare allgegenwärtige Liebe bekundet. Und eben dafür sind die Wunder da, die innere Wirklichkeit der äußeren Schöpfung Gottes zu enthüllen. Ich persönlich bin davon überzeugt, daß Ken das erste echte photographische Wunder aufgezeichnet hat.

Es hat mich sehr froh gemacht, und ich fürchte, soviel darüber geschrieben und geredet zu haben, daß ich die Leute gelangweilt, manchmal sogar geärgert habe. Wunder sind heute unbeliebt, den wissenschaftlich Denkenden, weil sie den sogenannten naturwissenschaftlichen Wundern zu widersprechen scheinen, wie der Übermittlung von Fernsehprogrammen mit Hilfe von Satelliten über die Welt oder wie der Fahrt zum Mond; den angeblich religiös Denkenden, weil sie sie an die früher behaupteten und heute angezweifelten Wunder erinnern, die sie vergessen möchten. Einmal zeigten Peter Chafer und ich draußen in Hatch End, wo Agnellus Andrew seine hochgeschätzte Einrichtung zur Unterrichtung römisch-katholischer Priester und Prälaten in Rundfunk und Fernsehen unterhält, unsern Mutter-Teresa-Film einer Versammlung geistlicher Prominenz. Nachher sprach ich über das Wunder des Lichts im Heim für Sterbende. Das beunruhigte sie, wie ich sehen konnte. Sie wollten nichts darüber hören. Einer oder zwei wagten die Meinung zu äußern, daß das Ergebnis einer zufälligen Einstellung der Kamera oder einer Eigenschaft des Materials zu verdanken sei. Sie waren glücklich, als wir das Thema wechselten. Graham Greene breitet in seinem glänzenden satirischen Stück *Das Geheimnis* das Thema einer Freidenkerfamilie aus, in der ein Wunder geschieht, und der Anstrengungen, die sie unternehmen, um alle Spuren des wunderbaren Geschehens zu verwischen. Er könnte kaum erwartet haben, die umgekehrte Situation zu erleben: Katholiken, die genauso emsig bemüht sind, ein wunderbares Ereignis in Mutter Teresas Heim für Sterbende wegzuwischen oder jedenfalls nicht zur Kenntnis zu nehmen. Ich berichte diese Dinge hier in der Hoffnung, daß in kommenden Jahren christliche Gläubige froh sein mögen, zu wissen, daß in einer dunklen Zeit das

Licht über den Köpfen sterbender menschlicher Wracks, die auf den Straßen Kalkuttas von Mutter Teresas Schwestern der Nächstenliebe aufgelesen wurden, auf irgendeine Weise im Film festgehalten worden ist.

Am nächsten Morgen kam Mutter Teresa persönlich mit ihrem Krankenwagen, um uns vom Hotel abzuholen. Es war der Tag des Generalstreiks, und unser Fahrzeug war fast das einzige auf den Straßen. Überall herrschte ungewohntes Schweigen, eine unheildrohende Ruhe. Die Europäer blieben klugerweise im Haus, was auch wir sicherlich getan hätten, wenn nicht Mutter Teresa gewesen wäre, die keinen Grund sah, einen Arbeitstag zu versäumen. Ich zweifle, ob irgendein andrer Europäer an jenem Tag arbeitete. Mit ihr zusammen waren wir völlig sicher, filmten auf den Straßen und spazierten nach Belieben herum. Es war Peter Chafer, der darauf hinwies, daß man in ihrer Begleitung nicht die geringste Angst verspürte, nicht einmal bei der unberechenbaren Fahrweise ihres Fahrers. Was er aus ihrem alten Wagen herausholte, würde unter normalen Verhältnissen als haarsträubende Schau gegolten haben. Peters Haltung Mutter T., wie er sie nannte, gegenüber war für mich verblüffend. Er war natürlich wie wir alle von ihr gefesselt, aber ich kann nicht sagen, daß seine ziemlich ungewöhnlich heftige Skepsis von ihr merklich erschüttert wurde. Anderseits entwickelte er eine ritterliche Leidenschaft, sie unter allen Umständen zu verteidigen, die hinreißend anzusehen war. Die leichteste spöttische oder abträgliche Bemerkung über sie traf auf außergewöhnlich scharfe Zurechtweisung, die die Betroffenen oft bestürzte. Sie lieferte ihm auch eine Art Maßstab für seine Arbeit in der religiösen Rundfunkabteilung der BBC. Er maß andre Haltungen und Stellungen, die als christliche galten, an ihrer und fand sie oft, fürchte ich, mangelhaft. Mutter Teresa selbst hielt Peters Haltung für völlig richtig und antwortete entsprechend darauf. Bei einer Gelegenheit bat sie ihn, für sie zu beten. Über seine Antwort auf diese Bitte und sein späteres Handeln läßt er sich nicht aus. Ich darf noch hinzufügen, daß Mutter Teresa sich keineswegs blenden ließ durch irgendwelchen billigen Ruf, den ich als Journalist durch Worte errungen habe, die hier und da einen gewissen Eindruck gemacht haben und der entsprechend bekannt war. Für sie war Peter der Direktor. Einmal behandelte sie bei ihren Ansprachen an die Schwestern das Thema Gehorsam gegen Gott. Dabei verwies sie, ich möchte meinen, mit ein wenig spitzbübischer Absicht, auf uns, die wir alle dem leisesten Befehl unseres Direktors Folge leisteten. Um so mehr sollten sie, die Schwestern, Gottes Geheiß gehorchen. Wie man sich vorstellen kann, fand der Rest von uns das Thema recht unterhaltsam.

Wir gingen zuerst zur Lower Circular Road, um die Morgenmesse der Schwestern aufzuzeichnen. Wegen des Streiks war es in der Kapelle ungewöhnlich ruhig. Es war tatsächlich der einzige Morgen, seitdem die Missionarinnen der Nächstenliebe das Haus übernommen hatten, an dem es möglich war, die Messe

mit einiger Hoffnung auf eine brauchbare Tonwiedergabe aufzuzeichnen. Der Priester war Pater Andrew, ein australischer Jesuit, der von seinem Oberen die besondere Erlaubnis erhalten hatte, den Orden zu verlassen, als Mutter Teresa ihn ausgesucht hatte, sich um ihre männlichen Mitarbeiter, die Missionarsbrüder der Nächstenliebe, und die Jungen, die unter ihre Obhut kamen, zu kümmern. Wer unsern Film gesehen hat, weiß, daß sein Gesicht von besonderer Sanftheit ist. Da es kein öffentliches oder privates Verkehrsmittel gab und da möglicherweise mit feindlichen Ansammlungen auf der Straße zu rechnen war, hielt ich es für zweckmäßig, wenn er für die Rückfahrt den Krankenwagen haben könnte. Aber bevor die Vorkehrungen dazu getroffen werden konnten, hatte er sich schon davongemacht. Aus einem der Kapellenfenster sahen wir ihn die schwüle, leere Straße entlang schreiten, seine priesterliche Ausstattung in einen alten Militärsack verstaut.
Später besuchten und filmten wir das Haus, in dem er mit etwa 30 ausgestoßenen Jungen lebt, die meist von den Bahnhöfen aufgelesen worden sind, wo sie sich in einem Alter, in dem begünstigtere Kinder im Kindergarten spielen, durchs Leben schlagen. Ich werde niemals seine Stimme vergessen, als er auf meine Frage, warum er gerade diese Arbeit ausgesucht habe, antwortete: „Die Not ist so handgreiflich.“ Sie ist für uns alle handgreiflich, aber, anders als Pater Andrew, bringen wir es leicht fertig, wenig oder nichts dafür zu tun. Oder als ich die Frage stellte, ob es der Mühe wert sei, einige dieser Jungen

zu retten, und er mir den Fall eines von ihnen schilderte, der, obwohl ein bißchen geistig behindert, wegen seiner Narrheiten und Albernheit eine unschätzbare Hilfe war, Neuankömmlingen das Haus heimischer zu machen und sie das Weglaufen vergessen zu lassen. Ich kann Pater Andrew keine größere Anerkennung sagen, als die, daß er ein vollkommener Mitarbeiter für Mutter Teresa ist.

Der Tag beginnt für die Schwestern um 4.30 Uhr mit Gebet und Betrachtung und anschließender Messe. Nach der Messe waschen sie und erledigen andre Hausarbeiten mit großer Energie. Sie haben jede einen vor Sauberkeit blitzenden Eimer, wohl ihr einziges Eigentum, abgesehen von ihrer Kleidung und ihren Andachtsbüchern. Dann kommt das Frühstück, und danach gehen sie ihren verschiedenen Pflichten außer Hauses nach, die einen zum Heim für Sterbende, andere zu Schulen und Ambulanzen für Arme, einige zu den Aussätzigen, und einige suchen nach unerwünschten Säuglingen und Kindern, die in wachsender Zahl bei ihnen Zuflucht finden, da es bekannt ist, daß keins, so überarbeitet sie und so überfüllt die verfügbaren Einrichtungen auch sein mögen, je abgewiesen wird.
Die Säuglinge kommen von Hebammen oder werden manchmal aus Abfalltonnen aufgelesen. Indische Jungen und Mädchen der Mittelschicht wetteifern mit dem zivilisierten Westen und fangen an, zügellos zu werden, und da sie den Punkt in der Zivilisation, wo Verhütungsmittel und Abtreibung leicht zu ha-

ben sind, noch nicht erreicht haben, sind sie in Gefahr, unerwünschte Kinder hervorzubringen, von denen einige außerordentlich winzig sind, da ihre Geburt vorzeitig herbeigeführt worden ist. Diese werden in der Obhut der Schwestern bald zu kräftigen Kindern. Andre kommen etwas älter zu den Schwestern und leiden unter akuter Unterernährung. Aber auch sie werden bald gesund. Unter den Aussätzigen, im Heim für Sterbende, überall, wohin ihre Arbeit sie führt, bringen sie Heilung und Hilfe. Es ist wundervoll, sie morgens in den Verkehr und den Lärm der Stadt fortgehen zu sehen, jede mit einem Beutel voll Brot beladen, das übrigens, zu ihrer großen Ehre sei's gesagt, von britischen Schulkindern geliefert wird; sie führen dabei im wörtlichsten und vollkommensten Sinn das Gebot aus, ihr Licht vor den Menschen leuchten zu lassen.
Ihr Leben ist, gemessen an weltlichen Maßstäben, gewiß hart und streng, aber ich habe nie so fröhliche, glückliche Frauen angetroffen oder eine solche Atmosphäre von Freude, wie sie sie schaffen. Mutter Teresa legt, wie sie gern erklärt, solcher Freude größte Bedeutung bei. Die Armen, sagt sie, verdienen nicht nur bloß Dienst und Hingabe, sondern auch die Freude, die zur menschlichen Liebe gehört. Sie wird ihnen von den Schwestern in Überfülle gegeben. Den religiösen Orden fehlt es heute bekanntlich an Berufungen. Der Mangel wird auch nicht dadurch verringert, daß man den Nonnen erlaubt, Lippenstift zu benutzen, Minikleidung zu tragen und auch sonst an der Lebensform und den Annehmlichkeiten des zeit-

genössischen Wohlstands teilzunehmen. Die Schwestern der Nächstenliebe anderseits vervielfältigen ihre Zahl in phantastischem Maß. Ihr Haus in Kalkutta platzt aus allen Nähten, und für jedes neueröffnete Haus melden sich Freiwillige. Die Geschichte des Christentums lehrt, daß, wenn alles gefordert wird, alles – und mehr – gegeben wird; wenn wenig, dann nichts. Obwohl das doch so offensichtlich ist, scheint man heute seltsamerweise genau das Gegenteil für richtig zu halten und bemüht sich, die Strenge des Dienstes Christi zu mildern und seine Wagnisse zu vermindern, mit der Absicht, Menschen dafür zu gewinnen. Dabei fand doch der heilige Franziskus dadurch, daß er die scheußlichen Wunden eines Aussätzigen küßte, die Fröhlichkeit, mit der er die Welt gefangennahm und einige der kühnsten Geister seiner Zeit um sich sammelte, denen er nur den Ruhm anbot, um Christi willen nackt auf der nackten Erde zu sein. Wenn die Forderungen geringer gewesen wären, wäre die Antwort geringer gewesen. Ich hätte es, nach meinen jahrelangen Erfahrungen in Indien, nie für möglich gehalten, junge Mädchen aus guter Familie dazu zu bringen, Ausgestoßene und Unberührbare, die von den Straßen Kalkuttas hereingebracht werden, zu pflegen. Aber genau das ist die erste Aufgabe, die Mutter Teresa ihnen zu tun gibt, wenn sie zu ihr als Postulantinnen kommen. Sie tun es nicht nur in Gehorsam, sondern fröhlich und begeistert, und sammeln sich in immer größerer Anzahl um sie, um des Vorzugs willen, es tun zu dürfen.

Als wir Mutter Teresa zu den verschiedenen Bereichen ihrer Tätigkeit begleiteten, um diese zu filmen, zum Heim für Sterbende, zu den Aussätzigen und unerwünschten Kindern, machte ich drei Phasen durch. Die erste war Schrecken, gemischt mit Mitleid, die zweite reines und einfaches Mitgefühl und die dritte, die weit über Mitgefühl hinausging, war etwas, was ich nie zuvor verspürt habe: die Einsicht, daß diese sterbenden und verkommenen Männer und Frauen, diese Aussätzigen mit Stümpfen statt Händen, diese unerwünschten Kinder nicht bemitleidenswert, abstoßend oder verloren waren, sondern eher teuer und köstlich; gleichsam Freunde seit langem, Brüder und Schwestern. Wie soll man es erklären, dies eigentliche Herz und Geheimnis des christlichen Glaubens? Diese geschundenen Köpfe streicheln, diese armen Stümpfe berühren, diese den Abfalltonnen übergebenen Kinder auf den Arm nehmen, weil es sein Kopf ist, so wie es seine Hände und seine Kinder sind, von denen er gesagt hat, daß jeder, der ein solches Kind in seinem Namen aufnimmt, ihn aufnimmt.
Während der Zeit unsrer Dreharbeiten ging ich jeden Morgen mit den Schwestern zur Messe. Eine von ihnen stand immer bereit, mich in Empfang zu nehmen, und in der Kapelle war ein Platz für mich neben Mutter Teresa, und ein Missale lag, an der richtigen Stelle geöffnet, bereit. Ich war es vollkommen zufrieden, mit ihnen zu feiern, auch wenn ich nicht an den Sakramenten teilnehmen konnte und auch nicht wollte. Für Mutter Teresa ist der Glaube eine per-

sönliche Beziehung zu Gott und dem fleischgewordenen Christus; die Messe ist die geistige Nahrung, die sie erhält, ohne die sie, wie sie mir sagte, keinen einzigen Tag und keine Stunde ihres Lebens der Hingabe, das sie sich erwählt hat, durchstehen könnte; die Kirche ist etwas, dem sie angehört, dient und gehorcht, weil sie Gottes Willen auf Erden offenbart und erfüllt. Die verschiedenen Kontroversen und Konflikte, welche die Kirche zur Zeit erschüttern, berühren sie kaum; sie werden vorübergehen, sagt sie, und die Kirche wird bleiben, um ihre göttlich eingegebene und gelenkte Aufgabe zu erfüllen.

Ich weiß, daß Mutter Teresa die Hemmungen und Zweifel nicht verstehen kann, die es mir unmöglich machen, ihre Ansicht von der gegenwärtigen mißlichen Lage der Kirche zu teilen oder sie anders zu sehen als eine Institution, die eine sterbliche Hierarchie und Priesterschaft fördern oder verderben, hochhalten oder zu Fall bringen können. „Ich weiß nicht, warum", hat sie mir geschrieben, „aber sehr oft wünsche ich mir in meinem Herzen, in England zu sein, wenn Sie Ihre erste heilige Kommunion empfangen. Ich weiß nicht, aber Jesus gibt einem nie Wünsche, die er nicht zu erfüllen gedenkt."

Bei andrer Gelegenheit schrieb sie:

„Ich glaube, der Film hat die Leute Gott näher gebracht, und so haben sich Ihre und meine Hoffnungen erfüllt. Ich denke jetzt häufiger als sonst, daß Sie die schöne Gnade gebrauchen sollten, die Gott uns zu seiner größeren Herrlichkeit gegeben hat. Alles, was Sie haben, und alles, was Sie sind, und alles,

was Sie sein und tun können – lassen Sie alles für Ihn und Ihn allein sein. Was heute an der Oberfläche der Kirche geschieht, wird vorübergehen. Für Christus ist die Kirche dieselbe, heute, gestern, morgen. Die Apostel gingen durch die gleichen Gefühle der Furcht und des Mißtrauens, des Versagens und der Untreue, und doch hat Christus sie nicht gescholten. ‚Kindlein, Kleingläubige, was fürchtet ihr?' Ich wollte, wir könnten lieben wie er – jetzt!"
Die Gnade, von der sie so großherzig spricht – vielzu großherzig –, wird, wie es nun einmal ist, immer zu ihrer und ihres Herrn Verfügung stehen. Es gibt wenige Dinge, die ich lieber tun würde, als ihr zu gefallen. Und zwar so sehr, daß es beinahe eine Versuchung für mich ist, ihre Führung in der Angelegenheit des Eintritts in die Kirche, weil es eben ihre Kirche ist, anzunehmen. Aber alles in mir sagt mir, daß das falsch wäre. Simone Weil fand sich in einer ähnlichen Lage Pater Perrin gegenüber, und sie erklärte in einer Reihe von Briefen an ihn mit einer Beweiskraft, die mir nicht annähernd zu Gebot steht, die Gründe, die sie zu der Entscheidung führten, daß „es der Wille Gottes ist, daß ich gegenwärtig nicht in die Kirche eintrete". Gleichzeitig tröstet sie sich mit dem folgenden Gedanken: „Wenn es Gottes Wille sein sollte, daß ich in die Kirche eintrete, wird er mir diesen Willen genau in dem Augenblick auferlegen, da ich es verdiene, daß er ihn mir auferlegt." Und schließlich: „Ich muß mich immer wieder fragen, ob Gott in diesen Tagen, wo ein so großer Teil der Menschheit im Materialismus versunken ist,

nicht wünscht, daß es einige Männer und Frauen gibt, die sich ihm und Christus hingegeben haben und dennoch außerhalb der Kirche bleiben." Ich gestehe, daß ich mich ähnlich gefragt habe.
Noch schwieriger zu erklären ist die Sehnsucht, die man fühlt, der Kirche anzugehören, der echte Neid auf die, welche die Glocke zur Messe ruft. Wie oft habe ich sie beobachtet, besonders in Frankreich, jene außergewöhnlichen Frauen in Schwarz mit den zerfurchten Gesichtern, die ihre Gebetbücher unklammern; die Kinder im Sonntagsstaat, die stummen Väter und die schwatzenden Mütter mit winzigen schwarzen Schleiern auf dem Kopf, alle auf dem Weg zur Kirche an einem Sonntagmorgen. Welche Freude, einer von ihnen zu sein! Mit ihnen zu knien, mit ihnen zum Altar zu schreiten und dort, Seite an Seite, den Leib Christi zu empfangen. Dann der Kirchengesang, die flackernden Kerzen, die feierlichen, vertrauten Worte, der scharfe Weihrauch. Unter allen Zwecken, die Menschen zusammenbringen, Erregung, Habgier, Neugier, Wollust, Haß, läßt allein die Anbetung sie als liebende Familie erscheinen, sie tilgt die Streitigkeiten und die Trennung nach Klasse und Rasse, nach Wohlstand und Talent, wenn sie vor einem Vater im Himmel und seinem eingeborenen Sohn auf die Knie fallen, ihre Sünden bekennen, ihre Hoffnung erneuern, die Kraft finden, wieder der herrlichen Aussicht auf die Ewigkeit, ihre unsterbliche Heimat, einen vergänglichen Tag zu entreißen. Warum also nicht? Weil es für mich Betrug wäre, und wir dürfen, liebe Mutter Teresa, den Glauben

nicht mit vorgetäuschten Trieben kaufen, den Glauben am allerwenigsten. Ich weiß mit völliger Sicherheit, daß die Glocken für mich nicht läuten, so sehr ich auch wünschte, daß es anders wäre. Und für mich ist kein Platz an der Altarschranke, an der Sie knien, um den Leib Christi zu empfangen. Ich würde nur ein Außenseiter sein. Die Kirche ist schließlich eine Institution mit Geschichte, mit Vergangenheit und Zukunft. Sie ging auf Kreuzzüge, sie richtete die Inquisition ein, sie setzte skandalöse Päpste ein und beging ungeheuerliche Sünden. Von der Institution her gesehen, ist das völlig verständlich und in irdischem Sinn sogar verzeihlich. Als Sprachrohr Gottes auf Erden, als welches sie nicht nur der Geschichte, sonder der immerwährenden Wahrheit angehört, ist sie nicht zu verteidigen. Nicht jedenfalls von mir.

Heute kommt noch hinzu, daß die Kirche aus unerforschlichen eigenen Gründen sich genau zu einer Zeit zu einer Reformation entschlossen hat, wo die vorherige, die Luthers, endlich im Sand verrinnt. Ich fälle kein Urteil über etwas, was mich als Nichtmitglied nichts angeht; *wäre* ich aber Mitglied, dann fühlte ich mich gezwungen, folgendes auszusprechen: wenn sich Leute an den Kirchentüren mit Peitschen aufstellen würden, um Gläubige zu vertreiben, oder sich in die religiösen Orden einschleichen würden, um eigens Berufungen zu verhindern, oder in den Klerus, um Unruhe und Verzagtheit zu verbreiten, so könnten diese kaum hoffen, so erfolgreich bei der Erreichung ihrer Ziele zu sein, wie jene Tendenzen und Bestrebungen, die heute anscheinend in der

Kirche vorherrschen. Mit solchen Ansichten wäre es allerdings widersinnig, um Aufnahme nachzusuchen.

All das, wie ich wohl weiß, würde wenig oder keinen Eindruck auf Mutter Teresa machen, deren Bindung an die Kirche in ganz andern Dimensionen liegt. Sie kommt aus der Liebe zu Gott und ihrem Nächsten, die ihr von Christus auferlegt worden ist, und aus der Hingabe an den Dienst für die Ärmsten der Armen, der damit einhergeht. Ich kann von mir selbst nur sagen, daß ich, sollte es mir je klar werden, daß ich in die Kirche in Ehrlichkeit und Wahrheit eintreten kann, es eilends tun würde, und zwar um so begieriger und freudiger, weil ich wüßte, daß ich Mutter Teresa damit glücklich machen würde. Ich zitiere noch einmal Simone Weil:

„Es mag sein, daß mein Leben zu Ende geht, bevor ich diesen Impuls gefühlt habe. Aber eins ist absolut sicher. Und zwar, daß ich, wenn es eines Tags geschehen sollte, daß ich Gott genug liebe, die Gnade der Taufe zu verdienen, diese Gnade an eben diesem Tag unfehlbar in der Form, die Gott will, entweder durch die Taufe im strengsten Sinn des Wortes oder auf andre Weise annehmen will. Warum also sollte ich Angst haben? Es ist nicht meine Sache, über mich nachzudenken. Meine Sache ist es, über Gott nachzudenken. Es liegt bei Gott, über mich nachzudenken."

So ziehe ich in meinem stummen Dialog mit Mutter Teresa den Schluß, daß ich ehrlicherweise nicht danach streben kann, in ihre Kirche aufgenommen zu werden; nicht einmal ihr zu Gefallen, was ich sonst mit allen Mitteln anstreben würde. Mutter Teresas eigene Treue ist unerschütterlich und wird es, wie ich sicher weiß, bleiben, was für Hirngespinste und Torheiten die Zukunft auch bringen mag. Ihr Weg ist zu klar, als daß er je verlorengehen könnte, der Herr, dem sie folgte, ist zu nahe, als daß sie je von ihm getrennt werden könnte. In ihren Worten und in ihrem Leben kann man das Licht des ersten Pfingstfestes, das noch am letzten Tag leuchten wird, hören und sehen. Dies ist die einzig wahre Stetigkeit und Einheit der Kirche, ihre einzige Grundlage, die nicht durch Übungen in Einheitsverhandlungen neu festgelegt oder neu definiert oder neu gestärkt zu werden braucht. Wandellos in einer sich wandelnden Welt, immerwährend wahr mitten in den wirbelnden Trugbildern der Zeitläufe.

Eben weil ihr Glaube so sicher ist, hat Mutter Teresa es nicht nötig, Evangelistin im alten propagandistischen Sinn zu sein. Sie predigt Christus jeden Augenblick eines jeden Tags, indem sie für ihn und in ihm lebt. Die meisten christlichen Missionare unsrer Tage schicken den Bemerkungen, die sie über ihre Arbeit machen, voraus, daß sie nie davon träumen würden, zu behaupten, das Christentum sei andern Religionen vorzuziehen, und schauen mit gönnerhaftem Mitleid auf ihre Vorgänger zurück, die den Befehl, hinauszugehen und das Evangelium aller Welt zu predigen, wörtlicher verstanden hatten. Solche Gönnerschaft ist fehl am Platz; eines Tags wird in einem andern Meinungsklima den hervorragenden Ergebnissen der Evangelisation und des Diensts christlicher Missionare in Indien, Afrika und andern fernen Ländern die gebührende Achtung geschenkt werden. Im Vergleich zu ihnen werden die heutigen schüchternen Bemühungen sehr mager erscheinen. Es wäre widersinnig zu behaupten, daß Mutter Teresa gegenüber dem Christentum und dem Hinduismus neutral wäre. Ihre Wahl ist für alle deutlich zu sehen und zu verstehen. Und doch gelingt es ihr, indische Damen der hohen Kasten anzuregen, sich in immer wachsender Zahl an ihrer Arbeit zu beteiligen.

Ich blicke auf die Tage, die ich mit Mutter Teresa in Kalkutta verbrachte, als goldene Tage zurück. Mit ihr zu sprechen war ein ständiges Entzücken. Sie handelt ganz spontan, so kaufte sie für die Aussätzigen eine Druckerpresse, damit sie Broschüren und Blättchen drucken konnten, um ein bißchen Geld zu verdienen. Wie, in Gottes Namen, fragte ich mich, wußte sie, was für eine Presse sie kaufen sollte und wo? Und wie konnten die Aussätzigen mit ihren Stümpfen hoffen, Lettern zu setzen? Einfältige Fragen! Die Presse ist da und arbeitet, die Aussätzigen sind begeistert. Sie hat, so habe ich herausgefunden, eine eigene Geographie, eine Geographie des Mitleids. Irgendwie hört sie, daß es in Venezuela verlassene Arme gibt, und schon reisen ihre Schwestern dorthin, und ein Haus wird eingerichtet. Dann, daß es in Rom – diesmals hört sie es vom Papst selbst – menschliche Wracks gibt wie in Kalkutta. Oder wieder, daß die Eingeborenen und Mischlinge in Australien Liebe und Fürsorge brauchen. Und in jedem Fall, wo es auch sein mag, wird der Ruf gehört und beantwortet.

Wenn sie in Europa oder Amerika ist, sehnt sie sich wieder zurück nach Kalkutta zu ihren Armen. Sie sind ihre Lieblinge. Als ich mit ihr bei ihnen war, wie sie sich vor der Apotheke anreihten, sich in der Aussätzigensiedlung um sie scharten, hörte ich sie das Wort „Mutter" murmeln. Nicht, als ob sie ihr etwas zu sagen oder sie etwas zu fragen gehabt hätten, sie wollten nur Verbindung mit ihr, wissen, daß sie da war. Ich verstand ganz und gar. Die Schwestern brauchen ihre Anwesenheit ebenfalls und sehnen sich, wenn sie von Kalkutta entfernt stationiert sind, nach ihren Besuchen. Immer, wenn ich die andern Häuser in Indien besuchte, war die erste Frage: „Wann wird sie kommen?"

Für mich verkörpert Mutter Teresa wesentlich Tatliebe, worum es dem Christentum ja eigentlich geht. Vielleicht wird es, sage ich mir, den Genetikern und Familienplanern gelingen, Brutapparate zu bauen, wo eine Mutter Teresa unnötig und unbeachtet bliebe. Aber selbst dann wird es einige Ausgeschiedene geben mit Wunden, die geheilt, Wünschen, die erfüllt, und Seelen, die gerettet werden müssen. Dort werden sie und ihre Schwestern sein, so wie, mag der Beton noch so dick und fest gegossen sein, irgendwo und irgendwie ein Spalt da ist, durch den ein winziges grünes Reis bricht, um uns zu erinnern, daß dieses Leben, von dem wir ein Teil sind, unzerstörbar ist und überall seine Wurzeln und seine Erfüllung hat.

Mutter Teresas Weg der Liebe

ÜBER DIE GOTTESLIEBE

„Du sollst den Herrn, deinen Gott, lieben aus deinem ganzen Herzen, aus deiner ganzen Seele und aus deinem ganzen Gemüt.“ Dies ist das Gebot des großen Gottes, und er kann nichts Unmögliches gebieten. Liebe ist eine zu allen Zeiten reife Frucht und in der Reichweite jeder Hand. Jeder kann sie ernten, und es gibt keine Grenze. Jeder kann diese Liebe durch Betrachtung erreichen, durch den Geist des Gebets und des Opfers, durch ein tiefes inneres Leben.

ÜBER DAS GEBET

Es ist nicht möglich, sich im direkten Apostolat zu betätigen, ohne eine Seele des Gebets zu sein. Wir müssen uns bewußt sein, daß wir eins mit Christus sind, so wie er sich bewußt war, daß er eins mit dem Vater war. Unser Handeln ist nur dann wirklich apostolisch, wenn wir ihm erlauben, in uns und durch uns zu wirken mit seiner Kraft, mit seinem Verlangen, mit seiner Liebe. Wir müssen heilig werden, nicht weil wir uns heilig fühlen wollen, sondern

weil Christus fähig sein muß, sein Leben voll in uns zu leben. Wir müssen ganz Liebe, ganz Glaube, ganz Reinheit sein um der Armen willen, denen wir dienen. Und wenn wir einmal gelernt haben, Gott und seinen Willen zu suchen, wird unsre Begegnung mit den Armen Mittel zu großer Heiligkeit für uns und die andern sein.
Betet gern – ihr sollt oft während des Tags die Notwendigkeit des Gebets empfinden, und gebt euch Mühe zu beten. Das Gebet macht das Herz weit, bis es fähig ist, Gott, der sich euch schenkt, aufzunehmen. Betet und sucht, und euer Herz wird groß genug werden, um ihn zu empfangen und ihn als euer Eigen zu behalten.

ÜBER DIE STILLE

Es ist notwendig, daß wir Gott finden, und er kann nicht im Lärm und in der Ruhelosigkeit gefunden werden. Gott ist der Freund der Stille. Seht, wie die Natur – Bäume, Blumen, Gras – in der Stille wächst; seht die Sterne, den Mond und die Sonne, wie sie in der Stille sich bewegen. Ist es nicht unsre Sendung, Gott den Armen in den Slums zu geben? Nicht einen toten Gott, sondern einen lebenden, liebenden. Je mehr wir im stillen Gebet empfangen, desto mehr können wir in unserm tätigen Leben geben. Wir brauchen die Stille, um Seelen anrühren zu können. Das Wesentliche ist nicht, was wir sagen, sondern was Gott uns und durch uns sagt. Alle unsre Worte werden nutzlos sein, wenn sie nicht von innen kommen; Worte, die nicht das Licht Christi geben, vermehren die Dunkelheit.

ÜBER DIE HEILIGKEIT

Unser Fortschritt in Heiligkeit hängt von Gott und von uns selbst ab, von Gottes Gnade und von unserm Willen, heilig zu werden. „Ich will Heiliger sein", bedeutet: Ich will mich von allem befreien, was nicht Gott ist; ich will mein Herz von allem Geschaffenen entblößen; ich will in Armut und innerer Freiheit leben; ich will meinem Willen, meinen Neigungen, meinen Einfällen und Phantasien entsagen und mich zum freiwilligen Sklaven des Willens Gottes machen.

ÜBER DIE DEMUT

Laßt keinen Stolz und keine Eitelkeit in der Arbeit sein. Die Arbeit ist Gottes Arbeit, die Armen sind Gottes Arme. Stellt euch ganz unter den Einfluß Jesu, so daß er seine Gedanken in eurem Gemüt denken, sein Werk durch eure Hände tun kann, denn ihr werdet mit ihm, der euch stärkt, allmächtig sein.

ÜBER DIE UNTERWERFUNG

Seht zu, daß ihr Gottes Gnade in euren Seelen wirken laßt, indem ihr annehmt, was immer er euch gibt, und ihm gebt, was immer er von euch nimmt.
Wahre Heiligkeit besteht darin, Gottes Willen lächelnd zu tun.

ÜBER DAS LEIDEN

Ohne unser Leiden wäre unsre Arbeit nur Sozialarbeit, sehr gut und hilfreich, aber sie wäre nicht die Arbeit Jesu Christi, nicht Teil der Erlösung. Jesus wollte helfen, indem er unser Leben teilt, unsre Einsamkeit, unsre Schmerzen, unsern Tod. Nur weil er eins mit uns wurde, hat er uns erlöst. Wir dürfen das gleiche tun; all das Elend der armen Leute, nicht nur ihre materielle Armut, sondern auch ihre geistige Not, muß erlöst werden, und wir müssen es teilen, denn nur, wenn wir eins mit ihnen sind, können wir sie erlösen, das heißt, daß wir Gott in ihr Leben bringen und sie zu Gott bringen.

ÜBER DIE FREUDE

Freude ist Gebet, Freude ist Stärke, Freude ist Liebe, Freude ist ein Netz von Liebe, mit dem man Seelen fangen kann. Gott liebt den fröhlichen Geber. Am meisten gibt, wer mit Freude gibt. Die beste Weise, Gott und den Menschen unsre Dankbarkeit zu zeigen, ist, alles mit Freude anzunehmen. Ein fröhliches Herz ist in der Regel das Ergebnis eines Herzens, das vor Liebe brennt. Laßt niemals etwas euch so mit Sorgen erfüllen, daß ihr die Freude des auferstandenen Christus vergeßt.

Wir alle sehnen uns nach dem Himmel, wo Gott ist, aber es steht in unsrer Macht, schon jetzt mit ihm im Himmel zu sein, in eben diesem Augenblick glücklich mit ihm zu sein. Aber jetzt mit ihm glücklich sein, heißt:

lieben, wie er liebt,
helfen, wie er hilft,
geben, wie er gibt,
dienen, wie er dient,
retten, wie er rettet,
vierundzwanzig Stunden bei ihm sein,
ihn in seiner jämmerlichen Verkleidung berühren.

ÜBER DIE GÜTE

Seid gütig und barmherzig. Laßt keinen je zu euch kommen, ohne daß er besser und glücklicher wieder geht. Seid lebendiger Ausdruck der Güte Gottes: Güte in euerm Gesicht, Güte in euern Augen, Güte in euerm Lächeln, Güte in euerm warmen Gruß. In den Slums sind wir das Licht der Güte Gottes für die Armen. Den Kindern, den Armen, allen, die leiden und einsam sind, gebt immer ein glückliches Lächeln. – Gebt ihnen nicht nur eure Fürsorge, gebt ihnen auch euer Herz.

ÜBER UNSRE LIEBE FRAU

Laßt uns Unsre Liebe Frau bitten, unsre Herzen sanftmütig und demütig zu machen, wie das ihres Sohns war. Es ist so sehr leicht, stolz und hart und selbstsüchtig zu sein, so leicht; aber wir sind für größere Dinge geschaffen. Wie viel können wir von Unsrer Lieben Frau lernen! Sie war so demütig, weil sie ganz für Gott da war. Sie war voll der Gnade. Bittet Unsre Liebe Frau, Jesus zu sagen: „Sie haben keinen Wein", den Wein der Demut und Sanftmut, der Güte und der Freundlichkeit. Sie wird uns sicher sagen: „Tut, was er euch sagt." Nehmt freudig alle Gelegenheiten an, die er euch bietet. Wir lernen Demut dadurch, daß wir freudig Demütigungen hinnehmen.

ÜBER DIE RÜCKSICHTNAHME

Rücksichtnahme ist der Beginn großer Heiligkeit. Wenn ihr diese Kunst der Rücksichtnahme lernt, werdet ihr immer christusähnlicher werden, denn sein Herz war sanftmütig, und er dachte immer an andre. Unsre Berufung, schön zu sein, muß voll von Gedanken an andre sein. Jesus ging umher, Gutes tuend. Unsre Liebe Frau tat in Kana nichts andres, als an die Bedürfnisse der andern zu denken und sie Jesus bekanntzugeben.

ÜBER DEN ABSCHIED VON LORETTO

Unser Herr will, daß ich freie Nonne bin, bedeckt mit der Armut des Kreuzes. Aber heute lernte ich eine schwere Lektion. Die Armut der Armen muß so schwer für sie sein. Als ich ein Heim (als Zentrum) suchte, wanderte und wanderte ich, bis meine Arme und Beine schmerzten. Ich dachte, wie sehr sie an Seele und Leib Schmerzen erdulden mußten auf der Suche nach Heim, Nahrung und Gesundheit. Dann kam die Geborgenheit Lorettos, um mich zu versuchen, aber aus eigener freier Wahl, mein Gott, und aus Liebe zu dir will ich bleiben und tun, was auch immer dein heiliger Wille für mich zu tun sein mag. Gib mir jetzt, in diesem Augenblick Mut.

FRIEDE*

Wir werden dieses Jahr zu einem Jahr des Friedens machen, in einer besonderen Weise; um das tun zu können, werden wir versuchen, mehr zu Gott und mit Gott zu sprechen und weniger mit den Menschen und zu den Menschen. Laßt uns den Frieden Christi predigen, wie er es getan hat. Er ging umher, Gutes tuend; er hielt mit seinen Werken der Liebe nicht inne, weil die Pharisäer und andre ihn haßten oder seines Vaters Werk zu verderben suchten. Er ging einfach umher, Gutes tuend. Kardinal Newman hat geschrieben: „Laß mich deinen Duft überall, wo ich gehe, verbreiten, laß mich predigen, ohne zu predigen, nicht mit Worten, sondern durch Beispiel, durch ansteckende Stärke, durch den unsichtbaren Einfluß dessen, was ich tue, durch die sichtbare Fülle der Liebe, die mein Herz für dich hegt." Unsre Werke der Liebe sind nichts als Werke des Friedens. Laßt sie uns mit größerer Liebe und größerer Wirksamkeit tun, jeder oder jede von uns bei seiner oder ihrer täglichen Arbeit, in euerm Heim, bei euerm Nächsten. Es ist immer derselbe Christus, der sagt:
Ich war hungrig – nicht nur nach Speise, sondern nach dem Frieden, der aus einem reinen Herzen kommt.

* Auszug aus einem Brief an die Mitarbeiter

Ich war durstig – nicht nach Wasser, sondern nach dem Frieden, der den leidenschaftlichen Durst nach der Kriegsleidenschaft stillt.
Ich war nackt – nicht entblößt von Kleidern, sondern von der schönen Würde der Männer und Frauen ihres Leibes wegen.
Ich war ohne Heim – nicht ohne ein Obdach aus Ziegelsteinen, sondern ohne ein Herz, das versteht, das schützt, das liebt.
Laßt uns dieses Jahr für Christus in unserem Nachbarn dies sein, wo immer die Missionare der Nächstenliebe und ihre Mitarbeiter sind. Laßt uns den Frieden Gottes ausstrahlen und so sein Licht anzünden und in der Welt und in den Herzen aller Menschen allen Haß und alle Machtliebe auslöschen. Laßt die Missionare der Nächstenliebe und die Mitarbeiter in jedem Land, in dem sie sind, Gott mit einem Lächeln begegnen in jedem, überall, wohin sie gehen.

APOSTEL DER UNERWÜNSCHTEN

Die größte Krankheit heute ist nicht die Lepra oder die Tuberkulose, sondern vielmehr das Gefühl, unerwünscht zu sein, ohne Fürsorge und verlassen von allen. Das größte Übel ist der Mangel an Liebe und Nächstenliebe, die schreckliche Gleichgültigkeit gegenüber dem Nachbarn, der am Wegrand lebt, von Ausbeutung, Verderbnis, Armut und Krankheit heimgesucht.
Da jede unserer Schwestern eine Mitarbeiterin Chri-

sti in den Slums werden soll, muß sie verstehen, was Gott und die Gesellschaft von ihr erwarten. Christus möge sein Leben in sie ausstrahlen und in ihr und durch sie in den Slums wirken. Mögen die Armen sehen, wie Christus sie zu sich zieht und sie ihn einlädt, in ihre Häuser und ihre Leben einzukehren. Mögen die Kranken und Leidenden in ihr einen wahren Engel der Hilfe und des Trosts finden, mögen die Kleinen von den Straßen sich an sie klammern, weil sie sie an ihn erinnert, den Freund der Kleinen. Unser Leben der Armut ist so notwendig wie unser Werk.

Erst im Himmel werden wir sehen, wieviel wir den Armen schulden dafür, daß sie uns helfen, Gott um ihretwillen mehr zu lieben.

DIE HEILIGE KOMMUNION

In der heiligen Kommunion haben wir Christus in der Gestalt von Brot. In unsrer Arbeit finden wir ihn in der Gestalt von Fleisch und Blut. Es ist derselbe Christus. „Ich war hungrig, ich war nackt, ich war krank, ich war obdachlos."

TÄGLICHES GEBET*

Liebster Herr, möge ich dich heute und jeden Tag in der Person deiner Kranken sehen und, während ich sie pflege, dir dienen.

Auch wenn du dich in der unansehnlichen Verklei-

* Für das Kinderheim

dung der Reizbaren, der Anspruchsvollen, der Unvernünftigen verbirgst, möge ich dich erkennen und sagen:
„Jesus, mein Geduldiger, wie süß ist es, dir zu dienen.“ Herr, gib mir diesen sehenden Glauben, dann wird meine Arbeit nie langweilig. Ich werde immer Freude daran finden, die Launen zu ertragen und die Wünsche aller armen Leidenden zu erfüllen.
O geliebte Kranke, wie doppelt teuer seid ihr mir, wenn ihr Christus verkörpert; und welch ein Vorzug für mich, euch pflegen zu dürfen.
Herr, mache mich empfänglich für die Würde meiner hohen Berufung und für ihre vielen Verantwortungen. Laß nicht zu, daß ich sie je schände, dadurch daß ich in Kälte, Unfreundlichkeit und Ungeduld falle.
Und o Gott, da du Jesus, mein Geduldiger bist, laß dich herab, auch mir ein geduldiger Jesus zu sein, übe Nachsicht mit meinen Fehlern, und sieh nur auf meinen Vorsatz, dich zu lieben und dir zu dienen in der Person eines jeden deiner Kranken.
Herr, vermehre meinen Glauben, segne meine Anstrengungen und meine Arbeit, jetzt und immerdar. Amen.

GEHT UND SAGT ES ALLEN

Gottes Geist ist in meinem Herzen,
Er hat mich gerufen und ausgesondert.
Dies ist, was ich tun muß,
Was ich tun muß.

Er hat mich ausgesandt, den Armen frohe Botschaft zu bringen,
Den Gefangenen zu sagen, daß sie nicht mehr Gefangene sind,
Den Blinden zu sagen, daß sie sehen können,
Und die Unterdrückten zu befreien,
Und allen die Botschaft zu bringen, daß Gottes Reich gekommen ist.

Wie der Vater mich gesandt hat,
So sende ich euch,
Meine Zeugen zu sein überall in der Welt,
In der ganzen Welt.

Tragt keine Last in euerm Bündel,
Ihr braucht nicht zwei Hemden für euern Rücken,
Der Arbeiter kann seinen Unterhalt selbst verdienen,
Kann seinen Unterhalt verdienen.

Sorgt euch nicht, was ihr sagen sollt,
Sorgt euch nicht, weil an jenem Tag
Gottes Geist in euerm Herzen sprechen wird,
In euerm Herzen sprechen wird.

WAS AUCH IMMER DU TUST

Als ich hungrig war, gabst du mir zu essen,
Als ich durstig war, gabst du mir zu trinken,

Was auch immer du dem geringsten meiner Brüder tust,

das tust du mir.
Nun tritt ein in das Haus meines Vaters.

Als ich obdachlos war, öffnetest du deine Türen,
Als ich nackt war, gabst du mir deinen Rock,

Als ich müde war, halfst du mir Ruhe finden,
Als ich ängstlich war, sänftigtest du all meine Furcht,

Als ich klein war, lehrtest du mich lesen,
Als ich einsam war, gabst du mir Liebe,

Als ich im Gefängnis war, kamst du in meine Zelle,
Als ich auf dem Krankenbett lag, pflegtest du mich,

Im fremden Land schenktest du mir Heimat,
Als ich arbeitslos war, fandest du Arbeit für mich,

Als ich in der Schlacht verwundet war, verbandest du meine Wunden,
Als ich nach Güte verlangte, hieltest du meine Hand,

Als ich Neger war oder Chinese oder Weißer,
Verspottet und beleidigt, trugst du mein Kreuz,

Als ich alt war, schenktest du mir dein Lächeln,
Als ich ruhelos war, hörtest du mich geduldig an,

Du sahst mich bedeckt mit Speichel und Blut,
Du erkanntest mich, obwohl ich schmutzig war von Schweiß,

Als man mich auslachte, standest du mir zur Seite,
Als ich glücklich war, teiltest du meine Freude.

Mutter Teresa spricht

MALCOLM: Mutter Teresa, wann hat all das bei Ihnen angefangen? Ich meine nicht nur Ihr Haus hier. Aber wann haben Sie zum erstenmal gespürt, daß Sie sich den Armen widmen müßten?

MUTTER TERESA: Das war vor vielen Jahren, als ich bei meinen Leuten zu Hause war.

MALCOLM: Wo war das?

MUTTER TERESA: In Skopje in Jugoslawien. Ich war damals erst zwölf Jahre alt. Ich lebte zu Hause bei meinen Eltern; wir Kinder gingen zu einer nichtkatholischen Schule, aber wir hatten auch sehr gute Priester, die den Jungen und Mädchen halfen, ihrer Berufung gemäß dem Willen Gottes zu folgen. Damals wußte ich zum erstenmal, daß ich eine Berufung für die Armen hatte.

MALCOLM: Damit hat also alles angefangen.

MUTTER TERESA: Ja, 1922.

MALCOLM: Damals also entschlossen Sie sich, Ihr Leben nicht dem eignen Vergnügen zu weihen, sondern es Gott in ganz besonderer Weise zu widmen.

MUTTER TERESA: Ich wollte Missionarin werden, ich wollte hinausgehen und den Menschen in den Missionsländern das Leben Christi geben. Damals waren einige Missionare von Jugoslawien nach Indien gegangen. Sie erzählten mir, daß die Lorettoschwestern in Kalkutta und andern Städten arbeiteten. Ich bot mich an, in die Bengalenmission zu gehen, und von dort aus schickte man mich 1929 nach Indien.

MALCOLM: Wann legten Sie die ewigen Gelübde ab?

MUTTER TERESA: Ich legte die ersten Gelübde 1931 in Loretto ab. Dann die ewigen Gelübde 1937 in Loretto.

MALCOLM: Hatten Sie zwischen dem Alter von zwölf und der Ablegung der ewigen Gelübde irgendwelche Zweifel, irgendwelche Hemmungen, ein so schweres Leben auf sich zu nehmen?

MUTTER TERESA: Im Anfang, zwischen zwölf und achtzehn, wollte ich nicht Nonne werden. Wir waren eine sehr glückliche Familie. Aber als ich achtzehn war, entschloß ich mich, meine Heimat zu verlassen und Nonne zu werden, und von da an habe ich die ganzen vierzig Jahre lang nie auch nur eine Sekunde lang daran gezweifelt, daß ich das Richtige getan habe; es war der Wille Gottes. Es war seine Wahl.

MALCOLM: Und das hat Ihnen vollkommenen Frieden und vollkommenes Glück beschert?

MUTTER TERESA: Das Glück, das mir keiner nehmen kann. Und es hat nie Zweifel oder Trauer darüber gegeben.

MALCOLM: Als Sie in Loretto waren, haben Sie unterrichtet. Haben Sie gern unterrichtet?

MUTTER TERESA: Ich unterrichte am liebsten von allem. In Loretto leitete ich eine Schule der Bengaliabteilung. Damals waren die meisten Mädchen, die heute bei mir sind, Schülerinnen der Schule. Ich unterrichtete sie.

MALCOLM: Und all das hörte auf, als Sie sich gewisser Verhältnisse in der Außenwelt bewußt wurden.

MUTTER TERESA: Es war ein Ruf innerhalb meiner Berufung. Es war eine zweite Berufung. Es war eine Berufung, sogar Loretto aufzugeben, wo ich sehr glücklich war, und auf die Straßen hinauszugehen, um den Ärmsten der Armen zu dienen.

MALCOLM: Mutter, wie geschah sie, diese zweite Berufung?

MUTTER TERESA: 1946 fuhr ich nach Darjeeling, um Urlaub zu machen. Dort im Zug hörte ich den Ruf, alles aufzugeben und ihm in die Slums zu folgen, um ihm unter den Ärmsten der Armen zu dienen.

MALCOLM: So faßten Sie den Entschluß, oder vielmehr wurde er für Sie gefaßt, aber Sie nahmen an, was die innere Stimme von Ihnen verlangte.

MUTTER TERESA: Ich wußte, es war sein Wille und daß ich ihm folgen mußte. Es bestand kein Zweifel daran, daß es sein Werk war. Aber ich wartete auf die Entscheidung der Kirche.

MALCOLM: Sie mußten die Erlaubnis der kirchlichen Behörden haben, aus dem Lorettokonvent auszuscheiden. Wie lange dauerte das?

MUTTER TERESA: Ich mußte mich zuerst an den Erzbischof von Kalkutta wenden. Dann gab mir die Mutter Generaloberin der Lorettoschwestern mit seiner Zustimmung die Erlaubnis, nach Rom zu schreiben. Ich mußte das tun, weil ich eine Schwester war, die die ewigen Gelübde abgelegt hatte, und den Schwestern kann nicht erlaubt werden, den Konvent zu verlassen. Ich schrieb an den Heiligen Vater, Papst Pius XII., und erhielt postwendend am 12. April Antwort. Er sagte, ich dürfe ausscheiden und freie Schwester werden. Das heißt, das Leben einer Religiosen führen, aber unter der Autorität des Erzbischofs von Kalkutta.

MALCOLM: Vor wie vielen Jahren war das?

MUTTER TERESA: Das war 1948.

MALCOLM: Was haben Sie in Ihrem Brief an den Papst über Ihre Absichten geschrieben?

MUTTER TERESA: Ich schrieb ihm, daß ich eine Berufung hätte, daß Gott mich gerufen hätte, alles aufzugeben und mich ihm im Dienst an den Ärmsten der Armen in den Slums hinzugeben.

MALCOLM: Ich habe Ihren Lorettokonvent gesehen, und er ist schön. Es muß hart gewesen sein, aus diesem schönen Garten, aus diesem stillen, friedlichen Ort hinauszugehen auf die schrecklichen, lärmenden Straßen.

MUTTER TERESA: Das war das Opfer.

MALCOLM: Was taten Sie dann?

MUTTER TERESA: Ich verließ den Lorettokonvent und ging zuerst zu den Schwestern nach Patna, um mich ein wenig in medizinischer Arbeit ausbilden zu lassen, damit ich in die Häuser der Armen gehen konnte. Bis dahin war ich nur Lehrerin gewesen, und ich konnte meine Arbeit nicht mit Unterrichten beginnen. Zuerst mußte ich in die Häuser gehen und die Kinder und die Kranken sehen. In der ersten kleinen Schule, mit der ich am ersten Tag begann, waren fünf Kinder. Danach hatten wir allmählich immer mehr Kinder. Jetzt haben wir dort über fünfhundert Kinder, die täglich zur Schule kommen.

MALCOLM: Dort, wo Sie angefangen haben?

MUTTER TERESA: Ja, wo ich angefangen habe, auf dem Grundstück einer Familie in den Slums.

MALCOLM: Wenn ich an Kalkutta denke und wie entsetzlich vieles dort ist, scheint es mir außerordentlich, daß eine einzelne Person einfach ausziehen und beschließen konnte, damit fertig zu werden.

MUTTER TERESA: Ich war damals so sicher und bin heute noch überzeugt, daß er es ist und nicht ich. Daher hatte ich keine Angst; ich wußte, daß das Werk, wenn es meins war, mit mir sterben würde. Aber ich wußte, es war sein Werk, daß es leben und viel Gutes bringen wird.

MALCOLM: Wahrscheinlich unterrichteten Sie Kinder, die direkt von der Straße kamen. Was brachten Sie ihnen bei?

MUTTER TERESA: Ich begann, ihnen ihr Alphabet beizubringen, denn, obwohl es größere Kinder waren, hatten sie nie eine Schule besucht, und keine Schule wollte sie. Dann hielten wir Unterricht in praktischer Gesundheitspflege ab. Wir sagten ihnen, wie man sich wäscht. Am nächsten Tag kamen zwei oder drei Mädchen von der Schule, an der ich unterrichtet hatte, sie halfen mir mit den Kindern. Allmählich begann das Werk zu wachsen, und es kamen auch einige Damen aus Kalkutta, die Lehrerinnen an der

Schule gewesen waren, an der auch ich unterrichtet hatte.

MALCOLM: Ich nehme an, Sie müssen etwas Geld gehabt haben; wo kam das her?

MUTTER TERESA: Zuerst hatte ich nur fünf Rupien, aber allmählich, als die Leute erfuhren, was ich tat, brachten sie Sachen und Geld. Es war alles göttliche Vorsehung, weil ich von Anfang an überhaupt nicht um Geld gebeten habe.

MALCOLM: Es mußten also freiwillige Beiträge sein.

MUTTER TERESA: Alles war Geschenk. Ich wollte den Armen nur um der Liebe Gottes willen dienen. Ich wollte den Armen geben, was die Reichen durch Geld erlangen.

MALCOLM: Sie haben Ihre Schule in Gang gehalten, und sie wächst; Sie haben ein paar Helferinnen bekommen, und ein bißchen Geld und Geschenke treffen ein. Was geschah dann?

MUTTER TERESA: 1949 begannen die Schwestern zu kommen; die erste, die unsrer Kongregation beitrat, war Schwester Agnes. Sie ist jetzt meine Assistentin.

MALCOLM: Sie war Schülerin in Loretto, nicht wahr?

MUTTER TERESA: Ja, und die ersten zehn Mädchen, die kamen, waren alle ehemalige Schülerinnen von mir. Eine nach der andern gab sich Gott hin, um den Ärmsten der Armen zu dienen. Sie wollten sich ganz Gott geben. Dann kamen andre Helferinnen; Ärzte und Krankenschwestern kamen freiwillig, um uns zu helfen. 1952 eröffneten wir das erste Heim für Sterbende.

MALCOLM: Wenn Sie sagen, Heim für Sterbende,

Ein Ausgestoßener in Kalkutta
Bild nächste Seite: Die Schwestern waschen im Hof

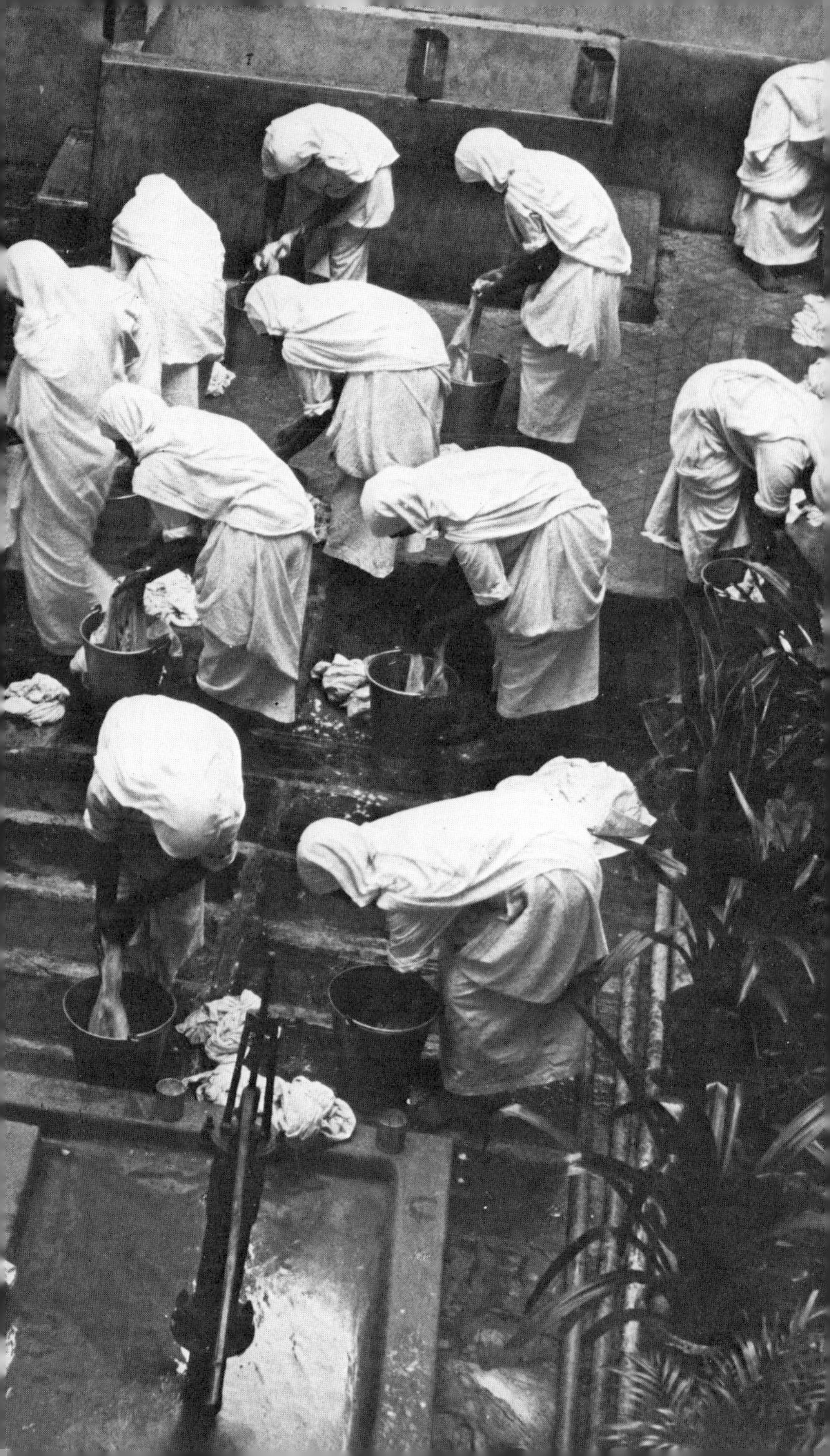

dann meinen Sie, daß es sich um Leute von der Straße handelt, die man verlassen hat und die sterben.

MUTTER TERESA: Ja, die erste Frau, die ich sah, habe ich selbst von der Straße aufgelesen. Sie war bereits von Ratten und Ameisen angenagt. Ich brachte sie ins Hospital, aber man konnte nichts für sie tun. Man nahm sie nur auf, weil ich mich weigerte, fortzugehen, bis man sie aufgenommen hatte. Von dort ging ich zur Stadtverwaltung und bat sie, mir einen Platz zu geben, wohin ich solche Leute bringen konnte, denn am selben Tag hatte ich andre Sterbende auf der Straße gefunden. Der Gesundheitsbeamte der Stadtverwaltung nahm mich mit zum Tempel, dem Kalitempel, und zeigte mir den Dormashalah, wo die Menschen zu ruhen pflegten, nachdem sie die Göttin Kali verehrt hatten. Es war ein leeres Gebäude; er fragte mich, ob ich es haben wollte. Ich war aus vielen Gründen sehr glücklich, diesen Platz bekommen zu haben, aber besonders, weil ich wußte, daß er ein Mittelpunkt der Anbetung und Hingabe der Hindus war. Innerhalb vierundzwanzig Stunden hatten wir unsre Patienten dort, und wir begannen die Arbeit des Heims für die Kranken und Sterbenden, die Ausgestoßene sind. Seit damals haben wir über 23 000 Menschen von den Straßen Kalkuttas aufgelesen, von denen ungefähr 50% gestorben sind.

MALCOLM: Was eigentlich tun Sie für diese sterbenden Menschen? Ich weiß, Sie bringen sie zum Sterben her. Was tun Sie für sie oder versuchen Sie, für sie zu tun?

Sr. Andrea erteilt Rat über Kinderpflege.
Sr. Andrea aus Freiburg ist die erste Deutsche, die zu Mutter Teresa ging. Heute Oberin in New York.

MUTTER TERESA: Zuallererst möchten wir ihnen das Gefühl geben, daß sie erwünscht sind; wir möchten sie wissen lassen, daß es Menschen gibt, die sie wirklich lieben, die sie wirklich haben wollen, wenigstens für die paar Stunden, die sie zu leben haben, damit sie menschliche und göttliche Liebe kennenlernen. Daß sie auch erfahren, daß sie Kinder Gottes sind und daß sie nicht vergessen sind und daß sie geliebt werden und daß man für sie sorgt und daß es junge Menschenleben gibt, die sich selbst im Dienst für sie hingeben.

MALCOLM: Was geschieht mit denen, die nicht sterben?

MUTTER TERESA: Für diejenigen, die arbeiten können, versuchen wir, Arbeit zu finden, die andern versuchen wir, in Heime zu schicken, wo sie wenigstens ein paar Jahre glücklich und behaglich leben können.

MALCOLM: Wer bringt sie zu Ihnen, Mutter? Ich meine, wer übergibt sie Ihnen?

MUTTER TERESA: Im Anfang fanden die Schwestern sie auf den Straßen und lasen sie auf.

MALCOLM: Wie Sie es mit jener ersten Frau getan haben.

MUTTER TERESA: Ja. Aber als unser Wirken immer bekannter wurde, hörten immer mehr Leute, daß es einen Ort gibt, wo diese Menschen gepflegt werden können. Sie rufen die städtische Ambulanz an, und die kommt und liest sie auf und bringt sie uns. Aber unter der einen Bedingung, daß man sie erst zum nächsten Hospital fahren muß.

MALCOM: Sie wollen nur Leute, die nirgendwo anders unterkommen; für die dies die letzte Zuflucht ist, nicht wahr?

MUTTER TERESA: Ja, das Heim ist nur für die Straßenfälle gedacht und für Fälle, die kein Hospital will, oder für Leute, die überhaupt keinen haben, der sich um sie kümmern kann.

MALCOLM: Als sich Ihre Arbeit vom Unterricht zur Sorge um Kranke entwickelte, brauchten Sie immer mehr helfende Hände. Haben Sie die bekommen?

MUTTER TERESA: Gott ist höchst wundervoll zu uns gewesen, denn so wie die Arbeit zugenommen hat, haben auch unsre Berufungen zugenommen. 1950 im Oktober machte der Heilige Vater aus unsrer kleinen Gemeinschaft eine Diözesankongregation. Fünfzehn Jahre später erhob er uns zur pontifikalen Kongregation, d.h., daß wir nun unmittelbar dem Heiligen Vater unterstehen. Das ist das größte Wunder von allen gewesen, weil Kongregationen in der Regel nicht so schnell in pontifikalen Rang erhoben werden. Bei den meisten dauert es viele Jahre, dreißig, vierzig manchmal, bevor sie pontifikal werden. Das zeigt die große Liebe und Wertschätzung, die der Heilige Vater für unsre Arbeit und unsre Kongregation hat.

MALCOLM: Auf wieviel stieg die Zahl Ihrer Schwestern in den ersten paar Jahren an?

MUTTER TERESA: Als die Kongregation Diözesankongregation wurde, waren wir nur zwölf; das war 1950. Die Zahl stieg allmählich stetig an. Zehn Jahre lang gingen wir nicht aus Kalkutta hinaus, weil wir unsre Schwestern für die Arbeit ausbilden mußten.

1950, als wir das erste Haus in Dranchi und dann eins in Delhi eröffneten, begann die Zahl der Schwestern anzuwachsen, und wir fingen an, Mädchen von eben den Orten, in denen wir Häuser eröffnet hatten, zu bekommen.

MALCOLM: Was für Mädchen waren es meist?

MUTTER TERESA: Meist aus der Mittelschicht, aber einige kamen aus der reicheren und oberen Schicht. Damals trat eine ganze Anzahl von anglo-indischen Mädchen in die Kongregation ein.

MALCOLM: Gebildete Mädchen?

MUTTER TERESA: Die meisten sehr gebildet.

MALCOLM: War es nicht ein schreckliches Erlebnis für gebildete Mädchen aus der Mittel- oder Oberschicht, sich plötzlich unter die Ärmsten, die Gebrechlichsten und Kränksten von der Straße zu mengen?

MUTTER TERESA: Diese Mädchen wollten ihr Bestes geben, denn in unsrer Gesellschaft müssen wir uns Gott völlig ausliefern; das ist der Geist der Gemeinschaft. Sie wollten diese Erfüllung in ihrem eigenen Leben erreichen, indem sie Gott alles opferten in der Aufgabe ihrer Stellung, ihres Heims, ihrer Zukunft und alles ganz den Ärmsten der Armen widmeten. Sie glaubten, sie könnten Gott gar nicht genug geben für diese schöne Berufung des Dienstes an den Ärmsten der Armen.

MALCOLM: Wie finden sie die Stärke, das zu geben?

MUTTER TERESA: Vom Tag ihres Eintritts in die Gemeinschaft an wenden wir einen großen Teil der Zeit auf, die Schwestern zu erziehen, vor allem im Geist und im Leben der Gesellschaft, die in der Verfassung so schön definiert sind. Das ist der für uns niedergeschriebene Wille Gottes. Und während dieser geistlichen Erziehung müssen sie in die Slums gehen. Arbeit in den Slums und die Begegnung mit den Menschen ist Teil der Ausbildung der Novizinnen. Das ist etwas Besonderes für unsre Kongregation, denn in der Regel gehen Novizinnen nicht aus, aber sie sollen die Bedeutung unsres vierten Gelübdes verstehen lernen, indem wir geloben, daß wir unsern rückhaltlosen und freien Dienst den Ärmsten der Armen schenken – Christus in der Verkleidung des Elends. Deshalb ist es notwendig, daß sie unmittelbar mit der Wirklichkeit in Berührung kommen, damit sie fähig werden, zu begreifen, wie ihr Leben sein wird, wenn sie ihre Gelübde abgelegt haben und wenn sie Christus vierundzwanzig Stunden am Tag in den Ärmsten der Armen in den Slums begegnen müssen.

MALCOLM: Empfanden es viele von ihnen als zu viel, Mutter?

MUTTER TERESA: Sehr wenige, sehr, sehr wenige haben uns verlassen, wir können sie an unsern Fingern zählen. Das ist das Außerordentlichste, daß so viele unsrer Schwestern vom allerersten Augenblick an so treu gewesen sind.

MALCOLM: Obwohl es eine so schwere Prüfung war, fanden sie Erfüllung darin.

MUTTER TERESA: Es war für sie eine Herausforderung. Sie wollten alles geben, und sie wollten das Schwerste. Wir müssen dieses Leben führen, dieses harte Leben, damit wir die Arbeit bei den Menschen fortführen können. Die Arbeit ist nur der Ausdruck der Liebe, die wir für Gott haben. Wir müssen unsre Liebe auf jemanden ausgießen. Und die Menschen sind das Mittel, unsre Liebe zu Gott auszudrücken.

MALCOLM: Nachdem ich ein paar Tage bei Ihnen zugebracht habe, bin ich außerordentlich beeindruckt von der Fröhlichkeit dieser Schwestern, die tun, was ein Außenstehender für fast unmöglich schwere und quälende Aufgaben halten würde.

MUTTER TERESA: Das ist der Geist unsrer Gesellschaft, die völlige Hingabe, liebendes Vertrauen und Fröhlichkeit. Wir müssen fähig sein, die Liebe Christi auszustrahlen, sie in unsern Handlungen auszudrükken. Wenn unsre Handlungen nur einfach nützliche Handlungen wären, die den Menschen keine Freude geben, dann würden unsre Armen sich nie dem Ruf öffnen können, den wir sie hören lassen wollen, dem Ruf, Gott näherzukommen. Wir wollen ihnen das Gefühl vermitteln, daß sie geliebt werden. Wenn wir mit traurigem Gesicht zu ihnen gingen, würden wir sie nur noch niedergedrückter machen.

MALCOLM: Selbst wenn Sie ihnen Dinge brächten, die sie brauchen.

MUTTER TERESA: Es kommt nicht sehr häufig vor, daß sie Dinge brauchen. Was sie viel mehr brauchen, ist das, was wir ihnen anbieten. In den zwanzig Jahren meiner Arbeit unter den Menschen ist es mir immer klarer geworden, daß die schwerste Krankheit, die ein menschliches Wesen überhaupt erfahren kann, die ist, unerwünscht zu sein. Wir haben heute

Arzneien für Lepra, und Aussätzige können geheilt werden. Es gibt Arzneien gegen TB, und Schwindsüchtige können geheilt werden. Für alle Arten von Krankheiten gibt es Arzneien und Heilmittel. Aber diese schreckliche Krankheit, unerwünscht zu sein, kann, glaube ich, nie geheilt werden, außer durch willige Hände, die dienen, und ein liebendes Herz, das liebt.

MALCOLM: Und das ist die Krankheit, um die Sie sich kümmern?

MUTTER TERESA: Das streben wir an, den Menschen willige Hände, die dienen, und Herzen, die sie immerfort lieben, zu schenken, und sie zu betrachten, wie Christus es getan hat.

MALCOLM: Außer den Kranken haben Sie eine Menge Kinder, nicht wahr?

MUTTER TERESA: Ja.

MALCOLM: Woher kommen sie?

MUTTER TERESA: Viele dieser Kinder sind ihren Eltern unerwünscht, manche lesen wir auf, manche bekommen wir von den Hospitälern, sie sind dort von den Eltern zurückgelassen worden. Einige holen wir aus den Gefängnissen, einige bringt uns die Polizei. Aber woher sie auch immer kommen, bis jetzt haben wir noch nie ein Kind abgelehnt.

MALCOLM: Irgendwie bringen Sie sie unter, wie viele auch kommen mögen?

MUTTER TERESA: Wir haben immer noch ein Bett für ein weiteres Kind.

MALCOLM: Sie haben also nie eins abzuweisen brauchen?

MUTTER TERESA: Nein.

MALCOLM: Manche Leute sagen, daß es zu viele Kinder in Indien gibt, und doch retten Sie Kinder, von denen sonst viele sterben würden.

MUTTER TERESA: Ja, viele würden sterben, besonders von den Kindern, die unerwünscht sind. Sehr wahrscheinlich würden sie entweder fortgeworfen oder getötet werden. Aber das ist nicht unser Weg; unser Weg ist, Leben zu bewahren, das Leben Christi im Leben des Kindes.

MALCOLM: Sie würden also nicht den Leuten zustimmen, die sagen, es gäbe zu viele Kinder in Indien?

MUTTER TERESA: Ich stimme nicht zu, weil Gott immer vorsorgt. Er sorgt für die Blumen und die Vögel, für alles in der Welt, das er geschaffen hat. Und diese kleinen Kinder sind sein Leben. Es kann nie genug davon geben.

MALCOLM: Und wie ist es mit den Aussätzigen? Wie hat Ihre Arbeit für sie begonnen, Mutter?

MUTTER TERESA: 1957 fingen wir mit fünf Aussätzigen an, die in unser Heim kamen, weil man sie aus ihren Arbeitsplätzen hinausgeworfen hatte. Sie konnten keine Unterkunft finden, sie mußten betteln gehen. Mit ihnen kam bald ein Arzt, um uns zu helfen, und er ist immer noch bei uns, Dr. Senn. Er bildet auch unsre Schwestern für die Arbeit mit den Aussätzigen aus, denn er ist Spezialist für Lepra. Unter den Aussätzigen gibt es viele Gebildete, viele reiche und fähige Leute. Aber wegen der Krankheit haben ihre Verwandten sie aus der Gesellschaft ausgestoßen, aus ihren Häusern, und sehr oft wollen sogar ihre eigenen Kinder sie nicht mehr sehen. Sie werden von ihren eigenen Familien isoliert und haben keine andre Möglichkeit, als betteln zu gehen. Sehr oft sieht man Leute aus dem Süden nach Bengalen kommen, und die Bengalen gehen in den fernsten Norden, nur um sich von den Menschen zu entfernen und von den Orten, wo man sie gekannt, bedient und geliebt hat. Wir haben hier in Kalkutta unter unsern Aussätzigen sehr tüchtige Leute, die hohe Stellungen im Leben eingenommen haben. Aber wegen der Krankheit leben sie nun in den Slums, unbekannt, ungeliebt und unversorgt. Dank Gott sind unsre Schwestern da, um sie zu lieben und ihre Freunde zu sein und um die Reichen ihnen näher zu bringen.

MALCOLM: Das ist eine schreckliche Krankheit, und es gibt viele Aussätzige. Was können – was können die Schwestern für sie tun?

MUTTER TERESA: Die meisten unsrer Schwestern sind besonders für die Aussätzigenarbeit ausgebildet. Und mit den neuen Mitteln, die wir aus den Staaten und aus England bekommen, können wir die Krankheit aufhalten, wenn die Leute rechtzeitig kommen. Daher sind wir, obwohl wir in Kalkutta so viele haben – wir haben fast zehntausend Leute, für die wir sorgen –, doch sehr glücklich, weil das ein Zeichen ist, daß die Aussätzigen anfangen, etwas über diese Krankheit zu erfahren und geheilt zu werden wünschen. Wenn sie sofort kommen, sobald sie entdeckt haben, daß sie einen Lepraflecken auf ihrem Körper haben, haben sie alle Aussicht, in zwei Jahren vollständig geheilt zu werden.

MALCOLM: Und wie steht es mit denen, die nicht geheilt werden können?

MUTTER TERESA: Wir versuchen, eine Stadt des Friedens auf dem Land zu bauen, das die Regierung uns vor einigen Jahren gegeben hat. 34 Morgen Land. Der Ort heißt Shanti Nagar. Wir bauen dort ein Rehabilitationszentrum, so daß die Aussätzigen, die geheilt sind, für normale Arbeit ausgebildet werden können und fähig werden, kleine Heimwerkstätten zu haben und das Leben eines normalen Bürgers zu führen, wenn sie in ihre Heimatorte zurückkehren. Dann brauchen sie nicht mehr herumzulaufen und zu betteln.

MALCOLM: Ihre Gemeinschaft wächst und breitet sich aus, wird das so weitergehen; werden Sie sich über die ganze Welt ausbreiten?

MUTTER TERESA: Im Augenblick sind wir in 25 Städten in Indien, außerhalb Indiens in Ceylon und Tansania, in Venezuela und in Rom. Solange Gott mir Berufungen gibt, ist das ein Zeichen für Gottes Wille, daß wir uns ausbreiten; und überall, wo es Arme gibt, werden wir hingehen und ihnen dienen.

MALCOLM: So wird der Prozeß sich fortsetzen?

MUTTER TERESA: Nun, wenn er uns Berufungen gibt, ist das ein Zeichen, daß wir zu den Armen hinausgehen sollen.

MALCOLM: Er hat Ihnen viele gegeben, nicht wahr?

MUTTER TERESA: Ja, Gott sei Dank, ist dieses Jahr ein außerordentliches Jahr, und wir erwarten, daß noch viele andre im Juni und auch im nächsten Januar eintreten werden.

MALCOLM: Ein Mädchen hört von Ihrem Wirken unter den ganz Armen und spürt, daß das ihre Berufung ist. Was geschieht dann?

MUTTER TERESA: Wenn diese Mädchen kommen, werden sie Anwärterinnen. Sie verbringen etwa sechs Monate damit, unsre Arbeit kennenzulernen. Sie müssen sehen, ob sie das ist, was Gott von ihnen will. Und wir müssen sehen, ob sie wirklich eine Berufung für diese Art Leben und Arbeit haben. Gleichzeitig müssen sie Englisch lernen, weil das die Sprache unsrer Gemeinschaft ist, und da wir nicht genug geistliche Bücher in indischen Sprachen haben, müssen wir englische benutzen. Außerdem gibt es in Indien so viele Sprachen, und die Schwestern kommen aus ganz Indien, und so würde es schwierig sein, sie im geistlichen Leben zu erziehen, wenn so viele Sprachen in einer Gemeinschaft gebraucht werden würden; aus all diesen Gründen bedienen wir uns der englischen Sprache. Danach bringen sie sechs Monate als Postulantinnen zu, wobei sie die Anfangsgründe des geistlichen Lebens lernen. Nach diesen sechs Monaten treten sie für zwei Jahre ins Noviziat ein. Während dieser Zeit erhalten sie vertiefte geistliche Ausbildung in Theologie, Kirchengeschichte und in der Heiligen Schrift und besonders in den Regeln und der Verfassung unsrer Gemeinschaft. Weil die Schwestern sich durch Gelübde binden sollen, müssen sie genau wissen, was diese Gelübde für sie bedeuten. Das Gelübde der Armut ist in unsrer Kongregation sehr, sehr streng, denn um die Armen zu lieben und die Armen zu kennen, müssen wir selbst arm sein. Wir legen das Gelübde der Keuschheit ab, des völligen und ungeteilten Geschenks unsrer Herzen an Christus, einer gänzlichen Hingabe an Christus. Wir haben auch das Gelübde des Gehorsams und legen alle andern Gelübde im Sinn des Gehorsams ab. Wir legen noch ein besonderes Gelübde ab, das die andern Kongregationen nicht kennen, den Armen vollkommenen, freien Dienst zu geben. Dieses Gelübde bedeutet, daß wir nicht für die Reichen arbeiten können, noch Geld für unsre Arbeit annehmen dürfen. Unser Dienst muß frei sein und für die Armen.

MALCOLM: Das ist viel verlangt, nicht wahr? Sie verlangen von diesen Mädchen, wie die Ärmsten der Armen zu leben, ihre ganze Zeit und Kraft und ihr ganzes Leben dem Dienst der Armen zu widmen.

MUTTER TERESA: Genau das wollen sie. Sie wollen Gott alles geben. Sie wissen sehr wohl, daß sie es für Christus, den Hungrigen, und Christus, den Nackten, und Christus, den Obdachlosen, tun. Und diese Überzeugung und diese Liebe machen das Geben zur Freude. Darum sehen Sie die Schwestern so sehr glücklich. Sie werden nicht gezwungen, glücklich zu sein; sie sind natürlich glücklich, weil sie spüren, daß sie gefunden haben, wonach sie sich gesehnt haben.

MALCOLM: Aber was jeden Betrachter, glaube ich, überrascht, ist die Größe dessen, was Sie anpacken, und, abgesehen von Ihrem eignen außerordentlichen Glauben und dem wunderbaren Glauben Ihrer Schwestern, die Geringfügigkeit Ihrer Hilfsquellen. Fühlen Sie sich nie entmutigt? Einige Leute glauben, daß diese Dinge von großen Staatsorganisationen getan werden sollten, sie meinen, es sei unsinnig, daß ein paar liebende Seelen versuchen, so etwas zu meistern. Was denken Sie darüber?

MUTTER TERESA: Wenn wir die Arbeit nur mit unsern eignen Augen und von unserm Weg aus ansehen, können wir natürlich nichts tun. Aber in Christus können wir alles tun. Darum ist diese Arbeit möglich geworden, weil wir überzeugt sind, daß er es ist, der mit uns und durch uns in den Armen und für die Armen wirkt.

MALCOLM: Der Ansporn, das Feuer, die Stärke dessen, was Sie tun, kommen von daher?

MUTTER TERESA: Sie kommen aus Christus und dem Sakrament.

MALCOLM: Daher also beginnen Sie jeden Tag mit der Messe?

MUTTER TERESA: Ja. Ohne ihn könnten wir nichts tun. Und dort am Altar begegnen wir unseren leidenden Armen. Und in ihm sehen wir, daß Leiden ein Mittel zu größerer Liebe, zu größerer Hochherzigkeit werden kann.

MALCOLM: Schwester Joseph, wann haben Sie die ewigen Gelübde abgelegt?

SCHWESTER JOSEPH: Am 14. April 1964.

MALCOLM: Das war vor fünf Jahren. Es war ein ungeheurer Schritt, nicht wahr? Viele Leute würden ihn für einen wahnsinnigen Schritt halten. Sie verlassen eine Welt, voll von reizvollen Dingen und aufregenden Dingen und kommen zu diesem harten Leben, welches das Leben der Armen ist. Sie nehmen den Lebensstandard der Armen an, und Sie bringen Ihre ganze Zeit mit den Ärmsten und Niedrigsten zu. Ist das nicht etwas ziemlich Verrücktes?

SCHWESTER JOSEPH: Genau deshalb kam ich her; ich kam, weil ich ein sehr hartes Leben wollte. Ich wollte fähig sein, etwas aufzugeben.

MALCOLM: Und hat es Sie glücklich gemacht?

SCHWESTER JOSEPH: Glücklich? Sehr glücklich. Weil ich spüre, daß ich andern so viel Hilfe bringen kann.

MALCOLM: Aber diese Aufgabe, Ihre Zeit mit Menschen zuzubringen, die sterben, mit Aussätzigen, mit unerwünschten Kindern. Neulich sah ich Sie bei diesen Menschen, und sie alle schrien um Hilfe. Läßt Sie das nicht manchmal eine andre Art von Leben wünschen?

SCHWESTER JOSEPH: Nein. Ich bin manchmal todmüde, ach so todmüde, und auch sehr glücklich, daß ich etwas für einen andern tun konnte.

MALCOLM: Warum diese Art von Leben?

SCHWESTER JOSEPH: Ich hatte von der Strenge dieser Kongregation gehört, und ich spürte, daß ich Gott so viel geben wollte, und darum besonders kam ich her. Es war eine Herausforderung für mich.

MALCOLM: Wie alt waren Sie?

SCHWESTER JOSEPH: Ich war 24, als ich hierher kam.

MALCOLM: Sie kannten also die Welt recht gut?

SCHWESTER JOSEPH: Ja. Ich hatte acht Jahre lang in einem Büro gearbeitet und war auch Musiklehrerin. Und ich bedaure nichts.

MALCOLM: Ihr Leben hier ist Erfüllung und bringt Ihnen Glück.

SCHWESTER JOSEPH: Völlig. Keinen Tag des Bedauerns, keinen Augenblick des Bedauerns.

MALCOLM: Obwohl es Sie der einzigen Dinge beraubt hat, von denen die Leute, besonders in diesem Alter, glauben, daß sie das Leben lebenswert machen.

SCHWESTER JOSEPH: Ich glaube, Glück bedeutet für mich, daß ich andern helfen und mit andern zusammen sein kann; natürlich gibt es viele Dinge, die wir vermissen.

MALCOLM: Zum Beispiel?

SCHWESTER JOSEPH: Musik. Ich spiele gern Klavier. Jetzt tue ich es nicht. Aber ich bin glücklich, daß ich etwas aufgeben kann.

MALCOLM: Aber Sie können singen. Ich habe Sie gehört.

SCHWESTER JOSEPH: Ich versuche es.

MALCOLM: Sie singen sehr schön.

SCHWESTER JOSEPH: Ich versuche es.

MALCOLM: Mutter Teresa, nachdem ich Sie in London getroffen hatte, war mein einziger Wunsch, Sie und Ihr Werk hier zu besuchen, und jetzt habe ich es gesehen. Es ist ein leuchtendes Licht. Aber hinter dem Werk, das wundervoll und notwendig ist, wie Sie nicht aufhören zu sagen, und zwar mit Recht, ist etwas andres, und das ist Ihr Glaube. Sagen Sie mir etwas darüber, denn ich glaube, Sie werden mir zustimmen, daß er etwas ist, das in der Welt von heute fehlt.

MUTTER TERESA: Glaube ist eine Gnade Gottes. Ohne ihn würde es kein Leben geben. Und unsre Arbeit muß, um fruchtbar und ganz für Gott zu sein und schön, auf den Glauben gegründet werden. Glauben an Christus, der gesagt hat: „Ich war hungrig, ich war nackt, ich war krank, und ich war obdachlos, und ihr habt das an mir getan." Auf diese seine Worte gründet sich unsre ganze Arbeit.

MALCOLM: Wie sollen die Menschen diesen Glauben haben, der in der Welt heute fehlt?

MUTTER TERESA: Er fehlt, weil es so viel Selbstsucht und Eigensucht gibt. Aber der Glaube muß, um echt zu sein, gebende Liebe sein. Glaube und Liebe gehen zusammen. Sie vervollständigen sich gegenseitig.

MALCOLM: Wie sollen die Menschen das finden? Unsre Mitmenschen, oder viele von ihnen, mich selbst vielleicht eingeschlossen, haben ihren Weg verloren. Sie haben den Weg gefunden. Wie helfen Sie ihnen, den Weg zu finden?

MUTTER TERESA: Dadurch, daß ich sie in Berührung mit den Menschen bringe. Denn in den Menschen werden sie Gott finden.

MALCOLM: Sie meinen, daß die Straße zum Glauben und die Straße zu Gott über unsre Mitmenschen führt?

MUTTER TERESA: Weil wir Christus nicht sehen können, können wir unsre Liebe zu ihm nicht ausdrükken. Aber unsre Nächsten können wir immer sehen, und wir können ihnen tun, was wir, könnten wir Christus sehen, ihm tun würden.

MALCOLM: Ihrer Meinung nach besteht keine Gefahr, daß die Leute fälschlich das Mittel für den Zweck nehmen und meinen, der Dienst am Nächsten sei ein Zweck in sich. Glauben Sie, daß eine solche Gefahr besteht?

MUTTER TERESA: Es besteht immer die Gefahr, daß wir bloße Sozialarbeiter werden oder die Arbeit nur um der Arbeit willen tun.

MALCOLM: Daran dachte ich. Ist das nicht eine Gefahr?

MUTTER TERESA: Es ist eine Gefahr, wenn wir vergessen, für wen wir es tun. Unsre Arbeit ist nur Ausdruck unsrer Liebe zu Christus. Unsre Herzen müssen voller Liebe zu ihm sein, und da wir diese Liebe in Handlung ausdrücken müssen, sind natürlich die Ärmsten der Armen Mittel, unsre Liebe zu Gott auszudrücken.

MALCOLM: Ich verstehe das, und selbst bei diesem kurzen Besuch habe ich es gefühlt wie nie zuvor. Diese Aussätzigen und diese kleinen Kinder, die Sie auf der Straße auflesen, sie sind nicht einfach nur bemitleidenswerte Elende, sie sind vielmehr wunderbare Menschen. Jeder, dem es gut geht, kann einen Menschen, der krank ist, bemitleiden. Jeder, der genug hat, kann einen, der nicht genug hat, bemitleiden. Aber, ich glaube, was Sie tun, ist, einen sehen lehren, daß diese Leute nicht nur einfach zu bemitleiden sind; sie sind wunderbare Leute. Wie machen Sie das?

MUTTER TERESA: Das ist genau das, was ein indischer Herr sagte: daß sie und wir soziale Arbeit tun; der Unterschied zwischen ihnen und uns ist, daß sie es für etwas tun und wir für jemand. Da ist die Stelle, wo Achtung, Liebe und Hingabe mit einfließen, daß wir es Gott geben und für Gott tun, für Christus, und deshalb versuchen wir, es so schön wie möglich zu tun. Weil es ständige Berührung mit Christus in seiner Arbeit ist, ist es die gleiche Berührung, die wir während der Messe und während der heiligen Kommunion haben. Dort haben wir Christus in der Gestalt von Brot. Aber hier in den Slums, im zerstörten Leib, in den Kindern sehen wir Christus und berühren ihn.

MALCOLM: Schön ist fast Ihr Lieblingswort, nicht wahr? Sie sagten, sogar als wir Sie baten, dieses Programm herstellen zu dürfen – und ich weiß, daß Sie zuerst gar nicht damit einverstanden waren –: Nun, dann wollen wir etwas Schönes für Gott tun! Aber was ich sagen wollte, ist, wie können Sie – wie können wir –, wie können Sie andre Leute sehen lehren, daß es nicht wegen eines Mitleids ist, nicht zur Stillung leiblicher Bedürfnisse, materieller Bedürfnisse, die dringend sind und denen begegnet werden muß, sondern daß etwas andres da ist, das ihm erst Realität verleiht?

MUTTER TERESA: In unserm Werk haben wir viele Leute, die wir Mitarbeiter nennen, und ich möchte, daß sie ihre Hände zum Dienst an den Menschen geben und ihre Herzen, die Menschen zu lieben. Denn wenn sie nicht in sehr enge Berührung mit ihnen kommen, ist es sehr schwer für sie zu wissen, wer die Armen sind. Daher haben wir besonders hier in Kalkutta viele Nichtchristen und Christen, die im Heim für Sterbende und an andern Stellen zusammenarbeiten. Wir haben Gruppen, welche die Verbände und die Arznei für die Aussätzigen vorbereiten. Zum Beispiel kam vor einiger Zeit ein Australier und sagte, er wolle eine große Spende geben. Aber als er die Spende gegeben hatte, sagte er: „Das ist etwas außerhalb meiner selbst, aber ich möchte etwas von mir geben." Und nun kommt er regelmäßig in unser Heim für Sterbende, und er rasiert die Männer und spricht mit ihnen. Er könnte diese Zeit für sich selbst verwenden, nicht nur sein Geld. Er wollte etwas von sich selbst geben, und er gibt es.

MALCOLM: Mit andern Worten, dieser andre Teil ist in Wirklichkeit ein größeres Geschenk.

MUTTER TERESA: Es ist der schwerere Teil.

MALCOLM: Der schwerste. Aber natürlich haben Sie ihn beeinflußt, es zu tun; er sieht Sie, und jeder, der Sie sieht oder mit Ihnen spricht, wird bis zu einem gewissen Grad spüren, was er spürt. Aber ich denke an die westliche Welt, wo ich lebe und die Sie manchmal besuchen. Diese Welt ist in andrer Weise ein sehr unglücklicher Ort, Mutter. Es gibt dort reiche Leute, die überschüssigen Wohlstand besitzen und freundliche Eingebungen. Was ihnen fehlt, ist der Funke, das persönliche Gefühl, das der Glaube verleiht und das es ihnen plötzlich möglich machen könnte, alle die Dinge zu tun, die getan werden sollten. Wie würden Sie ihnen diesen Glauben bringen?

MUTTER TERESA: Indem ich mit ihnen arbeite. Ich dringe immer darauf, daß die Leute mit uns und für uns und für die Menschen arbeiten. Ich spreche mit ihnen nie von Geld oder bitte sie um etwas. Ich fordere sie nur einfach auf, zu kommen und die Menschen zu lieben, ihre Hände zu geben, um ihnen zu dienen, und ihre Herzen, um sie zu lieben. Und wenn sie mit ihnen in Berührung kommen, dann ist ihr erster Impuls, etwas für sie zu tun. Und wenn sie das nächste Mal kommen, dann fühlen sie sich bereits persönlich beteiligt. Wenn sie einige Zeit in Kalkutta oder irgendwo anders sind, fühlen sie sich Teil der Menschen. Wenn sie erst einmal gemerkt haben, wie liebenswert diese Menschen sind, einfach wie sie sind, und wieviel sie ihnen geben können.

MALCOLM: Sollten nicht die Kirchen im Westen die Menschen in dieser Weise beeinflussen, vielleicht mehr als bisher?

MUTTER TERESA: Ich kenne die Lage im Westen nicht so gut, weil ich schon so lange fort bin – vierzig Jahre. Aber jetzt kommt ja immer mehr dieses Fastengeldopfer auf, um den Ärmsten zu helfen. Es wächst, und die Leute fangen mehr und mehr an, sich dessen bewußt zu werden, daß es in der Welt Menschen gibt, die hungrig sind und die nackt sind und die krank sind und die kein Obdach haben. Und die Reichen wollen die Not irgendwie ein wenig teilen; die Schwierigkeit ist, daß sie nicht so geben, daß es weh tut. Die neue Generation, besonders die Kinder, hat mehr Verständnis. Die Kinder in England opfern, um unsern Kindern eine Scheibe Brot zu geben, und die Kinder in Dänemark opfern, um unsern Kindern täglich ein Glas Milch zu geben, und die Kinder in Deutschland opfern, um jedem Kind täglich ein Multivitamin zu geben. Dies sind die Wege zu größerer Liebe. Wenn diese Kinder heranwachsen, werden sie Glauben und Liebe haben und den Wunsch, zu dienen und mehr zu geben.

MALCOLM: Würden Sie zustimmen, daß eine der Schwierigkeiten darin besteht, daß der Mensch des 20. Jahrhunderts glaubt, es müsse eine Kollektivlösung geben? Er würde sagen: da ist Mutter Teresa, sie rettet so viele Leute, sie hilft so vielen Leuten, sie rettet so viele Kinder. Aber das ist nur ein Tropfen auf einen heißen Stein; das ist nichts; es muß einen andern Weg geben, es zu tun. Und seine Meinung darüber macht ihn weniger geneigt, sich selbst, so wie Sie es wollen, in die Art von Arbeit zu stürzen, wie Sie sie tun.

MUTTER TERESA: Ich bin nicht für den großen Weg, die Dinge zu tun. Worauf es uns ankommt, ist der einzelne. Um dahin zu gelangen, die Person zu lieben, müssen wir in enge Berührung mit ihr kommen. Wenn wir warten, bis wir die großen Zahlen bekommen, werden wir uns in den Zahlen verlieren.

MALCOLM: Ich bin sicher, daß das richtig ist, aber für mich besteht die Schwierigkeit darin, wie man es diesen Leuten, die von den heutigen Umständen geformt sind, beibringen soll. Selbst die Kirchen, die es verstehen sollten, weil sie sich auf das Evangelium gründen, versäumen es, dieses besondere Gefühl einer Verbindung von Person zu Person einzuimpfen.

MUTTER TERESA: Ich glaube, die Menschen von heute denken nicht daran, daß die Armen wie sie menschliche Wesen sind. Sie schauen auf sie herab. Aber wenn sie eine tiefe Achtung für die Würde der Armen hätten, dann würde es sicherlich – dann würde es leicht für sie sein, ihnen näherzukommen und einzusehen, daß auch sie Kinder Gottes sind, daß sie ebensoviel Recht auf die Dinge des Lebens und auf Liebe und Dienst haben wie jeder andre. In diesen Zeiten der Entwicklung ist jeder in Eile, jeder auf dem Sprung, und unterwegs fallen Leute zu Boden, die nicht mit den andern wetteifern können. Das sind die, welche wir lieben, denen wir dienen, für die wir sorgen wollen.

MALCOLM: Und an ihnen schöne Dinge für Gott tun.

MUTTER TERESA: Wir spüren selbst, daß das, was wir tun, nur ein Tropfen im Ozean ist. Aber wenn es diesen Tropfen nicht im Ozean gäbe, würde der Ozean, glaube ich, weniger sein wegen des fehlenden Tropfens. Wenn wir zum Beispiel nicht unsre Schulen in den Slums hätten – sie sind nichts, sie sind eben nur kleine Elementarschulen, in denen wir die Kinder lehren, die Schule gern zu haben und sauber zu sein usw. –, wenn wir diese kleinen Schulen nicht hätten, würden diese Kinder, diese Tausende von Kindern auf der Straße bleiben. Wir haben also die Wahl, sie entweder aufzunehmen und ihnen ein wenig zu geben oder sie auf der Straße zu lassen. Genauso ist es mit unserm Heim für Sterbende und unserm Heim für Kinder. Wenn wir jenes Heim nicht hätten, würden die Leute, die wir aufgelesen haben, auf der

Straße sterben. Ich glaube, es war der Mühe wert, das Heim zu haben, und wäre es auch nur für jene wenigen, die darin mit Gott und in Frieden schön sterben.

MALCOLM: Ich bin ganz Ihrer Meinung. Für mich ist eins der wunderbarsten Dinge in Ihrem Werk, daß Sie einen spüren lassen, daß diese Armen wunderbare Menschen sind, daß diese Kinder ausgezeichnete Kinder sind, dies und die Tatsache, daß Sie den Grundsatz haben, keinen je zurückzuweisen. Daß es keines Nachweises, keiner Auswahl bedarf. Sie haben jetzt auch Brüder, nicht wahr? Wie sind Sie dazu gekommen?

MUTTER TERESA: 1963 gab mir der Erzbischof die Erlaubnis, mit den Brüdern anzufangen. Wir fühlten die Notwendigkeit, Männer zu haben, die sich um die Jungen in der Schule und um die Männer im Heim für Sterbende kümmern konnten. Und es gibt andre Dinge, die wir als Frauen für die Männer im Hafen usw. nicht tun können. Der Hochwürdigste Herr gab die Erlaubnis, und jetzt ist seit den letzten zwei Jahren ihre Kongregation eine Diözesankongregation. Pater Andrew, der Jesuit gewesen ist, erhielt vom Heiligen Vater die Erlaubnis, sich den Brüdern anzuschließen. Und er ist jetzt ihr Superior, er nimmt sich ihrer an.

MALCOLM: Wie viele sind es, Mutter?

MUTTER TERESA: Im Augenblick 92.

MALCOLM: Und sie gehen und lesen Leute auf usw.?

MUTTER TERESA: Sie tun genau die gleiche Art Arbeit und leben das gleiche Leben wie wir.

MALCOLM: Spezialisieren sich aber auf die Arbeiten, die für einen Mann geeigneter sind als für eine Frau?

MUTTER TERESA: Ja. Sie arbeiten auch für die Frauen in den Slums, mehr aber für die Jungen und die verkrüppelten Männer.

MALCOLM: So sind auch sie eingespannt, etwas Schönes für Gott zu tun.

Eine Tür des Wortes
(Kol 4,3)

Als die verschiedenen Schwierigkeiten vor der Herstellung unsres Films über Mutter Teresa und die Missionare der Nächstenliebe überwunden und wir in der Lage waren, anzufangen, schrieb Mutter Teresa mir: „Nun wollen wir etwas Schönes für Gott tun." Ich fand den Satz bezaubernd, von einem Glanz und einer Fröhlichkeit, die so kennzeichnend für sie sind. Er ging mir nicht mehr aus dem Kopf, und als die Zeit kam, einen Titel für den Film zu finden, bot sich *Etwas Schönes für Gott* geradezu an.

Etwas Schönes für Gott tun, das ist für Mutter Teresa das, worum es im Leben geht. Alles, sofern es für Gott ist, wird schön, was auch immer es sein mag; und das gilt auch für jede menschliche Seele, die daran teilnimmt, wer auch immer es sein mag. Mutter Teresa und die Missionare der Nächstenliebe liefern das lebendige Zeugnis für die Kraft und die Wahrheit dessen, was Jesus zu verkünden gekommen ist. Sein Licht leuchtet in ihnen. Wenn ich an sie in Kalkutta denke, wie ich es oft tue, wird nicht das kahle Haus in den dunklen Slums heraufbeschworen, sondern ein leuchtendes Licht und eine überfließende Freude. Ich sehe sie fröhlich und fleißig aus dem menschlichen Elend und Leid ihrer Umgebung etwas Schönes für Gott bauen. Eins ihrer Leprahäuser liegt in der Nähe eines Schlachthauses, dessen Gestank bei mir eigentlich Übelkeit hervorrufen müßte. Dort, bei Mutter Teresa nahm ich ihn kaum wahr: ein andrer Duft hatte ihn aufgesogen. Für diejenigen von uns, denen es schwerfällt, mit dem Verstand die großen Liebesangebote Christi zu begreifen, die solche Hingabe möglich machen, ist jemand wie Mutter Teresa ein Gottesgeschenk. Sie ist die Liebe in Person; durch sie können wir sie erreichen und bewahren und sie in uns selbst verwirklichen. Jeder fühlt das. Ich habe neulich die Gesichter von Leuten beobachtet, die ihr zuhörten – ganz gewöhnliche Leute, die sich in eine Schule gedrängt hatten, um sie zu hören. Jedes Gesicht, jung oder alt, schlicht oder klug, war verzaubert, hing an ihren Worten; nicht der Worte wegen – sie waren gewöhnlich genug –, sondern ihretwegen. Etwas, das quer durch ihre Worte ging und über sie hinaus, fesselte ihre Aufmerksamkeit. Eine Helligkeit schien den Schulsaal zu füllen, erleuchtete die verzückten Gesichter, drang in jeden Sinn und in jedes Herz. Als sie geendet hatte und die Versammlung vorbei war, wollte jeder ihre Hand berühren, um ihr körperlich auf einen Augenblick nahe zu sein, wie um an ihr teilzuhaben. Sie sah so klein und zart und müde aus, wie sie da stand und sich selbst gab. So also, überlegte ich, können wir Erlösung finden. Geben, nicht empfangen; die Gegenbewegung, die Verzichts- mehr als die Konsumgesellschaft; sterben, um zu leben. Ein alter Mann, nicht zufrieden damit, nur ihre Hand zu berühren, beugte seinen grauen Kopf, um sie zu küssen. So macht man es bei Königen und Eminenzen und großen Herren. In diesem besonderen Fall war es eine Geste vollkommener Dankbarkeit an Gott, an der ich teilhatte, dafür, daß er unserm stammelnden Denken und unsern ängstlichen Herzen hilft, indem er uns seine immerwährende Wahrheit in der Gestalt eines schlichten Gesichts zeigt, dessen Träger sein Liebeswerk in Angriff nimmt.

Die christliche Religion findet so in der Liebe derer, die Christus lieben, umfassender und eingängiger Ausdruck als in metaphysischen oder ethischen Aussagen. Sie ist mehr Erlebnis als Schlußfolgerung, mehr Lebensweise als Weltanschauung, mehr durch innere Anschauung zu begreifen als durch Vernunft zu verstehen, mehr zum spirituellen Bereich gehörig als zur intellektuellen Erkenntnis, weit hinausreichend über die Dimension von Worten und Gedanken. So hat es der heilige Augustinus erfahren bei jenem wunderbaren Begebnis in Ostia mit seiner Mutter, kurz bevor sie starb, als sie zusammen in die Nähe der Gegenwart Gottes getragen wurden und dann bei ihrer Rückkehr fanden, daß Worte so plumpe Werkzeuge sind wie eine Eisensäge für den Chirurgen oder die Bürste eines Anstreichers für den Künstler. „Und während wir von der ewigen Weisheit sprachen, uns nach ihr sehnten und mit der ganzen Kraft unsrer Herzen danach strebten, streckten wir einen flüchtigen Augenblick lang unsre Hände danach aus und berührten sie. Dann, da wir unsre geistige Ernte, in sie eingegangen, zurückließen, kehrten wir mit einem Seufzer zum Klang unsrer eigenen Sprache zurück, in der jedes Wort einen Anfang und ein Ende hat, ganz, ganz anders als dein Wort, unser Herr, der auf ewig im Himmel wohnt, doch niemals alt wird und allen Dingen neues Leben gibt."

Und so heißt es im Eingangskapitel des vierten Evangeliums so schön: *Und das Wort ist Fleisch geworden und hat unter uns gewohnt, voll Gnade und Wahrheit.* Die christliche Geschichte ist nichts andres als eine endlose Darstellung dieses Vorgangs, daß das Wort Fleisch geworden ist und voll der Gnade und Wahrheit unter uns wohnt. Sei es im äußersten Schweigen des Mystikers, wie es dem heiligen Augustinus und seiner Mutter begegnete; ein Schweigen, das alles umfaßt, was je gewesen ist und sein wird und gesagt und verstanden und gefühlt werden kann vom Beginn der Zeit bis über ihr Ende hinaus. Oder sei es in einer Mutter Teresa und ihren Missionaren der Nächstenliebe, die in der Welt wandeln und ihr Licht in den dunkelsten Orten scheinen lassen. Oder im Glanz künstlerischer Schöpfung, in den großen Kathedralen, die zur größeren Ehre Gottes in den Himmel aufstreben, in den glühenden Worten, dem lebendigen Stein und der sprechenden Farbe, den schwellenden Tönen der Musik. Oder in der nach Wahrheit suchenden einsamen Seele, im winzigsten

Mechanismus unsres sterblichen Seins wie in den unendlichen Weiten des Universums. Oder im beseligenden Spiel des Gottesdienstes mit seinen eintönig wiederholten Bitten, Bekenntnissen und Hoffnungen, seinen Glorias und Misereres, seinen Chorälen und Hallelujachören; wo die Augen demütig gesenkt sind und die Knie fromm auf dem kalten Stein der Welt knien. In jeder Bekundung unsres sterblichen Suchens nach dem Unsterblichen oder in unserm zeitlichen Suchen nach dem Ewigen oder in unserm unvollkommenen Suchen nach dem Vollkommenen. In den Menschen, die ihre Hände nach Gott ausstrecken, und in Gott, der sich in Liebe und Mitleid zum Menschen herabbeugt.

Jeden Tag begegnet Mutter Teresa Jesus; zuerst in der Messe, aus der sie Stütze und Stärke schöpft; dann in jeder armen, leidenden Seele, die sie sieht und hütet. Es ist ein und derselbe Jesus, am Altar und auf den Straßen. Der eine ist nicht ohne den andern. Wir, die wir in der Geschichte gefangen sind, Schiffbrüchige auf den unfruchtbaren Ufern der Zeit, der Vergangenheit, Gegenwart und Zukunft, wir suchen einen andern Jesus. Einen Jesus der Geschichte, was eigentlich ein Widerspruch in sich ist wie eine Ewigkeitsuhr oder ein unendliches Längenmaß. Jesus kann nur jetzt existieren, und er macht, im Jetzt existierend, das Jetzt zum Immer. So werden für Mutter Teresa die beiden Gebote, Gott zu lieben und unsern Nächsten zu lieben, zusammen erfüllt; sie sind untrennbar. In ihrem Leben und ihrem Werk zeigt sie die Verbindung zwischen den beiden: wenn wir Gott

nicht lieben, können wir unsern Nächsten nicht lieben, und wenn wir unsern Nächsten nicht lieben, können wir Gott nicht lieben.
Es mag einem zeitgenössischen Geist außerordentlich vorkommen, daß jemand wie Mutter Teresa, die ständig mit menschlichem Leid, wo es am größten und verzweifeltsten ist, in Berührung kommt, selbst den Eindruck vollkommener Heiterkeit vermittelt und so überzeugt von Gottes Liebe und Sorge für die Geschöpfe seiner Schöpfung ist. Vielleicht ist es gerade dies, was jene, die sie sehen und hören, fast magisch anzieht. Das Leid kristallisiert wie nichts andres die Zwangslagen und Alpträume eines Lebens ohne Gott. Es ist wie ein entzündeter Nerv, der, wenn man ihn anrührt, besonders heute Schreie der Wut und der Furcht hervorruft. Das Leiden sollte doch, wenn wir zum Mond gelangen und schneller als das Licht durch den Weltraum rasen können, wenn sogar unsre Gene gezählt und unsre Organe ersetzt werden, wenn wir es fertigbringen, zu essen, ohne dick zu werden, uns geschlechtlich zu vereinigen, ohne zu zeugen, ein strahlendes Lächeln zu zeigen, ohne glücklich zu sein, aus unserm Leben verbannt sein. Daß *wir* weiter leiden und andre weiter leiden sehen sollen, ist eine Ungeheuerlichkeit; und eine Gottheit, die die Macht hat, es zu beenden und es doch weiter zuläßt, muß wohl ein Ungeheuer sein, kein liebender Gott. So sah Simone de Beauvoir es, als sie beobachtete, wie ihre Mutter unter tödlichen Schmerzen am Krebs starb, als „ungerechtfertigte Gewalttat“ an, als etwas „so Gewaltsames und Un-

vorhersehbares wie eine Maschine, die mitten im Himmel zum Stehen kommt". Das Bild ist bedeutsam. Wenn Maschinen klemmen und zu Bruch gehen, hassen wir sie und halten Ausschau nach dem Fabrikanten oder Mechaniker, die wir verfluchen können. In den Augen derer, die im Menschen Maschinen sehen, ist Gott der Fabrikant und der Mechaniker sein Priester.

Mutter Teresa sieht das natürlich ganz anders. Leiden und Tod sind für sie kein Maschinenschaden, sondern Teil des immerwährenden Dramas unsrer Beziehung zu unserm Schöpfer. Weit davon entfernt, eine ungerechtfertigte Gewalttat, eine Ungeheuerlichkeit zu sein, bezeugen und unterstreichen sie vielmehr unsre menschliche Lage. Wenn es je möglich sein sollte, wie einige überhebliche zeitgenössische Geister verrückt genug sind, zu glauben, das Leid und schließlich sogar den Tod aus unserm menschlichen Leben auszumerzen, dann würde es dadurch nicht erhöht, sondern eher erniedrigt werden, und zwar bis zu einem Punkt, wo es zu unwichtig, zu banal werden würde, um überhaupt noch lebenswert zu sein. So etwa, als gäbe man dem armen alten König Lear aus menschlichem Mitleid am Ende des ersten Akts ein so starkes Beruhigungsmittel, daß er die andern vier Akte durchschliefe. Dadurch würde man ihn schonen, gewiß, aber es gäbe kein Schauspiel. Auch für uns würde, wenn die Träume der Eugeniker je verwirklicht werden könnten, wenn nämlich die Kranken, Alten und Verrückten, alle, die gebrechlich und körperlich nicht ganz vollkommen sind und nicht reibungslos funktionieren, schmerzlos ausgemerzt würden und nur die Schönheitsköniginnen und Athleten, die Leute mit hohem Intelligenzquotienten und die Preisgekrönten übrigblieben, um unsre menschliche Familie zu bilden, wenn das je geschehen würde, dann würde auch für uns Gott tot sein. Gott könnte einzig und allein sterben, wenn wir uns so weit in unser eigenes Ich und Fleisch zurückziehen, zwischen uns und ihn eine so weite Kluft legen würden, daß die Trennung endgültig wäre. Dann, und nur dann wäre Gott tot, und der Vorhang würde endgültig auf uns und unsre winzige Erde fallen.

Gerade, als ich im Zusammenhang mit Mutter Teresa an all das dachte, geschah es, daß ich an einer Fernsehsendung über das Leiden teilnahm, und als Ergebnis davon erhielt ich Hunderte von Briefen, die alle irgendein Erlebnis des Leidens oder die Beobachtung von Leiden beschrieben. Weil das Fernsehen, anders als jedes andre Kommunikationsmittel, das es je gegeben hat, mehr oder weniger jeden auf allen gesellschaftlichen und geistigen Stufen erreicht, deckt der Briefwechsel, den es verursacht, einen ähnlich weiten Bereich. Die Briefschreiber bewegen sich von fast Ungebildeten bis zu Universitätslehrern, Geistlichen, Beamten und ähnlichen. In diesem besonderen Fall durchbrach die von jedem und allen verspürte Betroffenheit die unterschiedlichen Stile und Idiome. Zwischen dem Blake zitierenden formvollendeten Schreiben eines Professors und dem stammelnden Gekritzel eines verkrüppelten Rentners schien diesmal wenig Unterschied; die Majestät des Themas ließ Unterschiede in Art und Fähigkeit der Darstellung klein erscheinen. Ich war mir, als ich diese Briefe durchblätterte, schärfer denn je zuvor bewußt, wie sehr wir alle uns gleichen, wenn schon nicht in unsern Hoffnungen und Wünschen, so doch in den Narben und Wunden, die wir tragen oder die wir mit Qualen einem von uns geliebten Fleisch haben zufügen sehen, noch qualvoller einem geliebten Geist, auf den Dunkelheit gefallen ist. Wir können uns immer noch um das Kreuz scharen, auch wenn wir unsre Ohren den Worten des *Menschen*, der an ihm starb, verschließen.

Es war insgesamt eine quälende Lektüre, wenn auch mit vielen schönen und erhebenden Berichten von überwundenem Leid und von Qual, die sich zum Guten gewandt hat, wie manchmal dunkle Wolken sich herrlich verwandeln, wenn die Sonne untergeht. So beschreibt eine Frau, wie sie durch einen Jahre vorher erlittenen seelischen Zusammenbruch „eine viel bessere Person geworden" ist als vorher. „Meine Mitpatienten helfen mir, wenn ich ‚unten' bin, und ich helfe ihnen, wenn sie es brauchen." In ihrem gemeinsamen Leid wuchsen sie durch gegenseitige Hilfe und Liebe zusammen, bildeten Bindungen aus, die fortbestanden und stärker wurden, als sie aus den Schatten ihrer Krankheit auftauchten. Auch dies ist etwas Schönes für Gott, das durch die leeren Gesichter und teilnahmslosen Körper, die einen nach dem Besuch einer psychiatrischen Station verfolgen, hindurchscheint.

Eine andre Frau dankt mir für das Programm, „das ich im Spiegel meiner eisernen Lunge sah“. Welch wundervoller gottgeschenkter Mut! Ich, der ich die Grenzen meiner eigenen behaglichen Umstände als unerträgliche Einengung empfinde, wie würde ich mich, so frage ich, in einer eisernen Lunge fühlen? „Es scheint mir etwas Wunderbares zu sein“, fährt sie fort, „daß Gott dieses schlimme Leiden genommen und mit soviel positivem Guten überlagert hat, mit dem Mitgefühl und dem Erkennen, von dem Sie gesprochen haben. Was den einzelnen angeht, so glaube ich, daß dies ein Weg ist, auf dem wir ‚mehr als Sieger‘ werden. Wir besitzen nicht nur die Stärke, das Leiden zu ertragen, sondern wir können aus dem Übel ein Werkzeug für das Gute an andern Menschen machen.“ Und ein weiterer Briefschreiber, einer, der an Muskeldystrophie leidet, beschreibt, wie er, als die Ärzte ihm sagten, daß sein Leiden schlimmer werden würde und ihm verschrieben, täglich mehr als 20 Tabletten zu schlucken, seine Krankheit „zu dem Großen Arzt“ trug, „und er heilte mich völlig. Seitdem habe ich nie mehr eine Tablette geschluckt, und meine Gesundheit ist vollkommen.“ „Leiden“, schließt er, „ich weiß, warum ich gelitten habe. Um mich Mitleid zu lehren, und mehr noch, um mich demütig zu machen im Wissen um seine wundersame Gnade.“

Ich könnte solche Zitate noch lange fortsetzen, nicht, weiß der Himmel, aus Schadenfreude über andrer Leute Unglück, sondern vielmehr, weil ich stolz bin, der gleichen menschlichen Familie anzugehören, wie diese heroischen Seelen. Beispiele für die bezaubernden Zeilen Blakes, die ich mir oft vorsage, wenn ich vom Gefühl der scheinbaren Ungerechtigkeit befallen werde, mit der die Gaben und Schmerzen des Lebens verteilt sind:

Freud' und Weh, verwoben fein,
Hüll'n die göttliche Seele ein;
Unter Kummer, unter Pein,
Muß ein Quentchen Freude sein.
Recht ist's, daß wir so es sehn,
Geschaffen wir für Freud' und Wehn;
Wenn wir richtig das verstehn,
Durch die Welt wir sicher gehn.

Anderseits gab es einige, aber keineswegs so viele Briefe, die mit unterschiedlichen Graden der Bitterkeit sich über das scheinbar sinnlose Leiden beklagten, das sie oder von ihnen geliebte Menschen aushalten mußten. Ich will ein Beispiel dafür geben. Eine Mutter schreibt, daß sie einen reizenden Sohn hatte, der als blaues Baby geboren worden war. Zwei große Herzoperationen, eine, als er fünf und die andre, als er dreizehn Jahre alt war, beseitigten einen Teil des Schadens. Er wuchs zu einem fröhlichen jungen Mann heran, gewann ein Mathematikstipendium in Oxford und „blühte und gedieh" insgesamt. Es blieb noch eine letzte Operation, um das Loch im Herzen endgültig zu schließen. Sie wurde gemacht, er kehrte nach Hause zurück; dann, ein paar Wochen später, mußte er wieder ins Krankenhaus, wo man entdeckte, daß das Loch sich wieder geöffnet hatte. Eine erneute verzweifelte Operation ging fehl, er starb. „Er war gerade 22“, schreibt seine Mutter. „Seine letzten Worte als Antwort auf mein: ‚Dann sehen wir uns also morgen wieder, Ralph‘, waren: ‚Ich glaube nicht. Schade. Leb wohl.‘ Solch ein gefaßtes Lebwohl, mit geschlossenen Augen und aschfahlem Gesicht gesprochen. Ich ging fort, um von ihm die Bürde meines Schmerzes und meiner Sorge zu nehmen; er schickte mich fort, um mir Schmerz zu ersparen.“

„Wo ist Gott?“ fährt sie fort, „und warum erlaubt er, daß so etwas Grausames geschieht? Ich bin Agnostiker mit christlichen Neigungen, mein Sohn war es ebenso. Ich spürte, daß es einen segensreichen Einfluß in der Welt gibt, und war glücklich ... Andre Leute erleben noch schlimmere Tragödien, obwohl mein Verlust grausamer wurde durch mein riesengroßes Vertrauen und Hoffen, daß mein Sohn eines Tages gesund sein würde. Wäre er gestorben, als er ein kleiner, kranker Junge war, hätte ich ihn hätscheln und trösten können und mich damit abfinden, daß er außerhalb dieser Welt besser daran sein würde. Aber warum mußte er gehen, als er gekämpft und gestritten hatte, um ein feiner junger Mann zu werden? Er wollte nicht sterben ... Vielleicht denke ich nur an mich selbst, und mein Sohn ist besser daran, wo er ist, aber wie soll ich das *wissen?* Ich spüre nur die große Verzweiflung, daß er aus dieser Welt geschieden ist und eine schmerzliche Lücke im Leben seiner Eltern und seines Bruders hinterlassen hat. *Wo ist Ihr Gott?*“

Wo ist mein Gott? Liebe Mrs. ..., er ist überall, selbst

im Loch des Herzens Ihres Sohns, oder nirgends. Ich schaue, während ich diese Worte schreibe, aus meinem Fenster auf eine Winterlandschaft. Die Bienen und Dachse schlafen, die Vögel hocken hungrig auf den kahlen Zweigen, die Natur scheint für immer tot. Doch sie scheint nur tot. Der Glaube sagt mir, daß Dachse und Bienen bald aufwachen, die Bäume sich mit Laub beladen, die Vögel freudig singen werden, wenn sie wieder ihre Nester bauen, daß die tote Erde sich erneuern und alles Grün einer kommenden Ernte tragen wird.

Dieser Glaube fällt nicht schwer. Wir wissen, oder glauben, zu wissen, daß der Frühling immer wiederkommen wird. Jetzt wende ich meinen Blick vom Fenster in mein eigenes Herz und erblicke dort den Müll und den Staub vergeudeter Jahre. Alter noch nicht vergangener Neid, alter Hunger, der wieder aufleben kann, alte Hoffnungen und Wünsche, die weiterglimmen, obwohl alles, was sie erwarten könnten, sich längst als trügerisch erwiesen hat. Auch dies, das Innere meines Herzens, scheint eine tote Landschaft zu sein. Und doch sagt mir mein Glaube, daß es auch einen Frühling haben kann in der Wiedergeburt, die uns allen in der neuen Ordnung versprochen ist, die Christus in die Welt gebracht hat. Der alte Neid bricht in heiliger Liebe auf, die alte Lust brennt mit geistlichem Hunger, die alten Hoffnungen und Wünsche finden eine neue Bestimmung in dem hellen Glanz der universalen Liebe Gottes.

Über jeden Frühling hinaus, den wir draußen vor un-

sern Fenstern oder innen in unsern Herzen erfahren, gibt es den unbegrenzten Strom der Sorge Gottes für seine Schöpfung und seine Geschöpfe. Sie umfaßt Leiden und Seligkeit und übersteigt beide. Keiner, der verschont worden ist, und ich sicher nicht, darf wagen, den Heimgesuchten zu sagen, daß sie in ihrer Heimsuchung gesegnet sind, oder ihnen für ihr besonderes Leid Trost in allgemeinen Ausdrücken zu bieten. Und doch kann man verschwommen sehen und demütig sagen, daß Leiden ein unerläßlicher und wesentlicher Bestandteil unsres menschlichen Dramas ist. Daß es auf einen und alle in verschiedenen Graden und Formen fällt, die zu vergleichen außerhalb unsrer Zuständigkeit liegt. Daß es zu Gottes Absicht für uns hier auf Erden gehört, so daß letzten Endes die Erfahrung des Lebens uns nur das eine lehren kann, daß wir sagen: Dein Wille geschehe. Daß wir es vor dem Kreuz stehend sagen, welches selbst wieder das Leiden Gottes in der Person eines Menschen bedeutet und die Erlösung eines Menschen in der Person Gottes. Das größte Leid und die größte Freude in Koexistenz auf Golgatha.
All dies sagt Mutter Teresa in ihrem Lächeln und ihren Gesten viel überzeugender und einfacher, so wie ich sie einfach ihre Hand auf das traurige Haupt eines verzweifelten Aussätzigen habe legen sehen, der dadurch sofort getröstet wurde und Vertrauen faßte. Mir gibt schon ihr reines Dasein Trost und Vertrauen. Und doch bin ich mir, zwar nicht eigentlich eines Vorwurfs, eher eines Gefühls der enttäuschten Erwartung in ihrer Haltung bewußt. Als ob sie auf

etwas noch nicht Gewährtes warte. Und ich weiß natürlich genau, was es ist: die völlige Hingabe an Christus, die für sie nur durch die Kirche geschehen kann und durch die Spendung des Heiligen Sakraments an ihren Altären.

Wir sprachen darüber, als wir im winterlichen Sonnenschein unter andern Spaziergängern, einige von ihnen ihre Hunde ausführend, andere allein mit dem unergründlichen, abweisenden Blick derer, die müßig gehen, während andre arbeiten, am Hydepark entlang spazierten. Ich nahm meine wohlvorbereitete Verteidigungsstellung hinter einer Kirche ein, über deren Schwächen, zerbröckelnde Barrikaden und bedauernswerte Zukunftsaussichten ich mich verbreitete, wenn auch mit wenig Wirkung. Nachdem sie abgefahren war, erhielt ich einen eigenhändigen Brief von ihr, der sicher nachts geschrieben worden war, da ihre Tage völlig ausgefüllt waren mit Reisen und manchmal sechs oder sieben Versammlungen am Tag. Zusammen mit dem Brief kam ein kleines Andachtsbuch von P. Paul de Jaegher, einem Jesuiten, ganz an sie gemahnend, im Pappeinband, stark abgenutzt und zu ihr, wie ich mir vorstellen konnte, erst gelangt, nachdem es durch viele Hände gegangen war. Es enthält eine Widmung für den ersten Besitzer: „Für Peggy, mit dem glühenden Wunsch, daß du wahrhaft ‚eins mit Jesus‘ werden mögest.‘ Die Schwester von Regina.“ Ich werde es immer aufbewahren.

Hier ist der Brief:

„Ich fahre morgen nach Paris und Sonntag nach Venezuela. Ich bin sicher, daß Sie für mich beten werden. Diese Tage in England sind voll fortgesetzter Opfer gewesen oder vielmehr voll der Fortsetzung der heiligen Messe. Ich glaube, Sie verstehen jetzt besser ... Ich weiß nicht warum, aber für mich sind Sie wie Nikodemus, und ich bin sicher, die Antwort ist die gleiche: ‚Wenn ihr nicht werdet wie die Kinder'. Ich bin sicher, daß Sie alles sehr schön verstehen werden, wenn Sie nur ein Kind in Gottes Hand ‚werden' würden. Ihre Sehnsucht nach Gott ist so tief, und doch hält Er Sich von Ihnen fern. Er muß Sich zwingen, es zu tun, denn Er liebt Sie so sehr, so sehr, daß Er Jesus hingibt, nur für Sie und für mich zu sterben. Christus verlangt danach, Ihre Speise zu werden. Umgeben von der Fülle lebendiger Speise, lassen Sie es zu, daß Sie verhungern. Die persönliche Liebe, die Christus für Sie hat, ist unendlich; die kleine Schwierigkeit, die Sie hinsichtlich Seiner Kirche haben, ist endlich. Überwinden Sie das Endliche durch das Unendliche. Christus hat Sie geschaffen, weil Er Sie will. Ich weiß, was Sie fühlen: schreckliches Verlangen in dunkler Leere. Und doch ist Er es, der Sie liebt... Ich bin sicher, daß Ihnen das Buch gefällt. Dies ist eins der Bücher, die ich oft lesen kann, und es ist immer wieder neu und frisch. Ich reise ab mit glücklichem Herzen, weil Christus bald ein weiteres kleines Tabernakel haben wird, errichtet von den Missionaren der Nächstenliebe in London. Ich

hoffe, daß die Einsegnung am 8. Dezember stattfinden wird. Es wäre wundervoll, wenn der Kardinal zur heiligen Messe käme, aber ich weiß nicht, ob man ihn fragen kann. Doch meine ich, wenn Jesus kommen kann, kann sicherlich auch der Kardinal kommen."

Unnötig zu sagen, daß der Kardinal kam, und das Haus – in Southall – wurde gebührend geweiht, so daß jetzt London wie Kalkutta seine Missionare der Nächstenliebe hat und sie nicht weniger braucht. Als Mutter Teresa zuerst ihre Absicht kundtat, ein Haus der Missionare der Nächstenliebe in London zu eröffnen, erwartete man allgemein, daß die Vorbereitungen in etwa sechs Wochen abgeschlossen sein könnten. Tatsächlich war alles in weniger als zwei Wochen fertig. In Southall, wo viele indische Emigranten wohnen, wurde ein Haus gekauft, die geringfügigen wesentlichen Änderungen wurden ausgeführt, und die Kapelle wurde zur ersten Messe hergerichtet. Mutter Teresa und eine kleine Schar von Schwestern unter Schwester Frederick bestanden darauf, in das Haus zu ziehen, bevor es für normale Begriffe bewohnbar war. Normale Begriffe haben für sie keine Gültigkeit. Sie führte eine Schar williger Helferinnen an, die das Haus vom Dach bis zum Keller schrubbten. Wie gewöhnlich kamen Helferinnen und Mitarbeiterinnen, wie und wann sie gebraucht wurden, und am 8. Dezember war alles fertig. Ich erfuhr, daß es, um dieses Ergebnis zu erzielen, notwendig gewesen war, die Maurer, die im Haus arbeiteten, ziemlich hart anzutreiben. Das ging so weit, daß Mutter Teresa und die Schwestern, um nicht durch ihr Erscheinen den aufgestauten Zorn der Arbeiter zur Entladung zu bringen, es für besser hielten, einen ganzen Tag lang in einem der Hinterzimmer zu bleiben, um dort zusammen fromme Lieder zu singen, zu beten und zu meditieren.

Kardinal Heenan weihte das Haus und zelebrierte die erste Messe. Es war der schönste Gottesdienst, dem ich je beigewohnt habe. Der Zufall wollte es, daß die Elektriker sich im Bummelstreik befanden, und so hatten wir nur Kerzenlicht, und das erhöhte nur das Geheimnis und die Majestät der Feier. Ich mußte an die vergebliche Schlacht der Geldgier denken, die einen großen Teil Londons an diesem Tag in Dunkelheit versenkt hatte, und daß solche Schlachten und solche Dunkelheit der Stoff der Geschichte und die Frucht unsrer unerlösten sterblichen Natur sind. Hier in diesem Vorraum eines kleinen Vorstadthauses, wo ein Kreuz aufgestellt war (von einigen anglikanischen Nonnen gestiftet), war eine Lichtung in den dunklen Dschungel menschlichen Willens geschlagen worden. Ich war entzückt, hier zu sein.

Das Gesicht des Mannes, der das Evangelium verlas, war von einzigartiger Schönheit. Der Kardinal sah in seinen Gewändern aus, wie ich ihn nie zuvor gesehen hatte, mit einer besonderen Dimension von Licht um ihn; die Schwestern sangen ihre Lieder und gebrauchten dabei die vervielfältigten Gesangbücher, die ich von den Morgenmessen in Kalkutta kannte.

Die Kapelle war der einzige Raum im Haus, von dem man sagen konnte, daß er möbliert war. Es war der Raum des Herrn, und das allein zählte. Obwohl, so dachte ich, unser Irrsinn London verdunkelte, hatte Mutter Teresa hier ein Licht entzündet, das heller war, als alle verlorenen Lichter zusammen; ein Licht, das niemals ausgelöscht werden konnte.
Ich bin mir völlig der Unangemessenheit meiner Bemühungen bewußt, in Worten mehr als einen nebelhaften und unzulänglichen Eindruck von dieser Frau Gottes und ihrer Mitarbeiter zu vermitteln. Oft im Verlauf des Schreibens habe ich das Gebet wiederholt, das der heilige Paulus die Christen von Kolossä für ihn zu opfern bat, daß Gott eine Tür des Wortes öffnen möge. Die Nachwelt wird zu entscheiden haben, ob sie eine Heilige ist. Ich kann von ihr nur sagen, daß sie in einer dunklen Zeit ein brennendes und leuchtendes Licht ist, in einer grausamen Zeit eine lebendige Verkörperung der Botschaft Christi von der Liebe, in einer gottlosen Zeit das Wort, das unter uns wohnt, voll der Gnade und Wahrheit. Dafür müssen alle, die den unschätzbaren Vorzug haben, sie zu kennen, von ihr zu wissen, ewig dankbar sein.

Anhang

VERFASSUNG
DER „INTERNATIONALEN VEREINIGUNG DER MITARBEITER MUTTER TERESAS“ ANGESCHLOSSEN DEN MISSIONAREN DER NÄCHSTENLIEBE

1. „Die Internationale Vereinigung der Mitarbeiter Mutter Teresas“ besteht aus Männern, Frauen, jungen Leuten und Kindern aller Religionen und Konfessionen in der ganzen Welt, die Gott in ihren Mitmenschen zu lieben suchen durch rückhaltlosen freien Dienst an den Ärmsten der Armen aller Kasten und Glaubensbekenntnisse und die sich im Geist des Gebets und des Opfers mit dem Werk Mutter Teresas und der Missionare der Nächstenliebe vereinigen.

2. Mutter Teresas Wunsch ist es, daß sich alle Mitarbeiter, Schwestern und Brüder und die Armen in Gebet und Opfer vereinigen:

A. Indem sie den Menschen helfen, Gott in der Person der Armen zu erkennen.

B. Indem sie den Menschen helfen, Gott mehr zu lieben durch Werke der Nächstenliebe und Dienst an den Armen.
C. Indem sie die Missionare der Nächstenliebe und die Mitarbeiter in der ganzen Welt durch Gebet und Opfer vereinen.
D. Indem sie den Familiengeist hochhalten.
E. Indem sie Hilfe zwischen den verschiedenen Ländern fördern und Verschwendung an Energie und Hilfe durch Doppelaktionen in einzelnen Zentren der Missionare der Nächstenliebe ausschalten.

3. Unter „Armen" werden solche verstanden, die nicht genug zu essen haben, deren Lebensbedingungen unvereinbar sind mit der Würde der menschlichen Person und die im Vergleich zu ihren Nachbarn materiell, geistig oder gesellschaftlich schwer benachteiligt sind. Während sie die Schreie der Armen hören, sollen die Mitarbeiter sich besonders um die kümmern, die unerwünscht und ungeliebt sind.

4. Alle Mitarbeiter drücken ihre Liebe zu Gott durch Dienst an den Armen aus, wie Christus selbst gesagt hat:

„Was ihr dem geringsten dieser meiner Brüder getan habt, das habt ihr mir getan" (Mt 25,40).

„Denn ich war hungrig, und ihr habt mich gespeist;
ich war durstig, und ihr habt mich getränkt;
ich war ein Fremdling, und ihr habt mich beherbergt;

ich war nackt, und ihr habt mich bekleidet;
ich war krank, und ihr habt mich besucht;
ich war im Gefängnis, und ihr seid zu mir gekommen“

(Mt 25,35–36).

5. Während die Mitarbeiter Mutter Teresas aufmerksam auf die Nöte der Armen, die ihnen nahe sind, antworten, sollen sie Mutter Teresa und ihre Missionare der Nächstenliebe unterstützen in ihrer Mission der Liebe an den Ärmsten der Armen, wo immer man sie findet, und dadurch teilnehmen an dem „rückhaltlosen freien Dienst an den Armen“, den die Schwestern und Brüder gelobt haben.

6. Sie anerkennen die Würde, die Eigenart und den unendlichen Wert jedes menschlichen Lebens.

7. Kernpunkt des Gebens sind Liebe und Dienst.

8. Die Mitarbeiter Mutter Teresas anerkennen, daß alle Güter dieser Welt, einschließlich der Gaben des Geistes und des Körpers, der Vorteile der Geburt und der Erziehung, freie Gaben Gottes sind und daß niemand ein Recht auf Überfluß an Wohlstand hat, während andre Hungers sterben und unter jeder Art von Mangel leiden. Sie suchen, dieses schwere Unrecht wiedergutzumachen durch freiwillige Armut und Verzicht auf Luxus in ihrem eigenen Leben.

9. Zu gleicher Zeit und im gleichen Geist stellen die Mitarbeiter Mutter Teresas den Missionaren der Nächstenliebe alles, was sie an Zeit und materieller Hilfe erübrigen können, zur Verfügung.

10. Die Mitarbeiter Mutter Teresas vereinen sich im Gebet mit den Missionaren der Nächstenliebe, indem sie täglich das folgende Gebet sprechen:

Mach uns würdig, Herr, unsern Mitmenschen in der ganzen Welt, die in Armut und Hunger leben und sterben, zu dienen. Gib ihnen durch unsre Hand ihr tägliches Brot heute, und durch unsre verstehende Liebe gib ihnen Friede und Freude.

Herr, mach aus uns ein Werkzeug deines Friedens.
Wo Haß herrscht, laß uns Liebe bringen;
wo Beleidigung, die Vergebung;
wo Zwietracht, die Einheit;
wo Irrtum, die Wahrheit;
wo Zweifel, den Glauben;
wo Verzweiflung, die Hoffnung;
wo Finsternis, das Licht;
wo Traurigkeit, die Freude.

Herr, laß uns weniger danach trachten,
getröstet zu werden, als zu trösten;
verstanden zu werden, als zu verstehen;
geliebt zu werden, als zu lieben.
Denn wer sich hingibt, der empfängt;
wer sich selbst vergißt, der findet sich;
wer verzeiht, der erlangt Verzeihung:

und wer stirbt, der wird auferweckt zum ewigen Leben.

(Franz von Assisi zugeschrieben)

11. Die Mitarbeiter sollen dem Geist der Armut und Demut der Missionare der Nächstenliebe nacheifern und unnötige Ausgaben bei ihren Versammlungen vermeiden und alle ihre geschäftlichen Angelegenheiten mit Sparsamkeit und Nüchternheit erledigen.

12. Wie die Missionare der Nächstenliebe an den Armen einen rückhaltlosen freien Dienst leisten, so leisten auch alle Mitarbeiter und alle, die ein Amt bekleiden, ihren rückhaltlosen freien Dienst.

13. In Übereinstimmung mit den Wünschen Mutter Teresas sollen die Mitarbeiter in der ganzen Welt Verbindung miteinander pflegen und Gedanken und Informationen austauschen durch das *Internationale Komitee:*

Präsident
Mutter Teresa M. C. (Gründerin)

Ständiger Sekretär
Schwester M. Frederick M. C.
(Missionaries of Charity, 54A Lower Circular Road, Calcutta 16, Indien)

Vorsitzender
Mrs. Ann Blaikie
(2 Silvermere, Byfleet Road, Cobham, Surrey, England)

Stellvertretender Vorsitzender
für die Bundesrepublik Deutschland
Frau Josepha Gosselke
478 Lippstadt, Dusternweg 55

für Österreich
Frau Johanna Tschebull
A Töschling 55 Post Pörtschach
Wörther See / Kärnten

für die Schweiz
Herr Eugen Vogt
Ch 6002 Luzern, Habsburgerstr. 44

Verbindungsstelle der kranken und leidenden Mitarbeiter
Mlle. Jacqueline de Decker
(Rue Prince Albert, Antwerpen, Belgien)

14. *Geschäftsführender Ausschuß.* Je nach den Umständen und Notwendigkeiten bilden der Präsident, der Vorsitzende, der Ständige Sekretär und ihre Nachfolger im Amt den Geschäftsführenden Ausschuß. Er kann die Bestimmungen der Verfassung der „Internationalen Vereinigung der Mitarbeiter Mutter Teresas" aufheben, abändern oder ergänzen. Keine Änderung im Ziel oder in der Verfassung darf von sonst jemand in irgendeinem Land vorgenommen werden. Alle Ämter sind freiwillig.

15. *Jährliches Mitteilungsblatt*

a) Die stellvertretenden Vorsitzenden schicken dem Vorsitzenden an einem festgesetzten Datum einen kurzen Bericht über die durchgeführten Projekte und die von ihrem Land im vorausgegangenen Jahr geleistete Hilfe zur Aufnahme in das Mitteilungsblatt. Von Kindern durchgeführte Tätigkeiten sollen gesondert erwähnt werden.

b) Das Mitteilungsblatt enthält:

I) Mitteilungen über die Missionare der Nächstenliebe.

II) Berichte der Länder (s. a. oben).

III) Sterbefälle unter den Mitarbeitern, den Schwestern und Brüdern (sie sollen dem Vorsitzenden jeweils sofort gemeldet werden).

IV) Anschriften der stellvertretenden Vorsitzenden.

V) Verschiedenes.

16. *Gebetskarten.* Alle werden aufgefordert, die Gebetskarten zu benutzen und vor jeder Versammlung einen ausgewählten Abschnitt einige Minuten lang zu betrachten.

17. *Gebetstag.* Ein Tag des Gebets und des Danks wird am 7. Oktober, dem Gründungstag der Gesellschaft der Missionare der Nächstenliebe im Jahr 1950, in der ganzen Welt gehalten. Alle sind aufgerufen, sich an diesem Tag mit den Schwestern und Brüdern im Dank an Gott zu vereinen.

18. *Zweige der Vereinigung.* Zweige der Vereinigung sind in einer Anzahl von Ländern eingerichtet. Normalerweise nehmen die Mitarbeiter als Mitglieder einer kleinen Gruppe oder als einzelne an Mutter Teresas Werk teil.

19. *Kranke und leidende Mitarbeiter.* Die Kranken und diejenigen, die nicht in der Lage sind, sich an den Tätigkeiten zu beteiligen, können enge Mitarbeiter einer einzelnen Schwester oder eines einzelnen Bruders werden, indem sie ihr Gebet und ihr Leiden dieser Schwester oder diesem Bruder aufopfern.

20. *Siegel.* Das Siegel der Missionare der Nächstenliebe wird nur bei offiziellen Schreiben verwandt.

Zeittafel

27. August 1910. Von albanischen Eltern in Skopje, Jugoslawien, geboren. Sie hat zwei Geschwister, einen Bruder und eine Schwester. Sie besucht die Regierungsschule. Während der Schulzeit wird sie Mitglied der Sodalität. Damals hatten die jugoslawischen Jesuiten angefangen, in der Erzdiözese Kalkutta zu arbeiten. Die erste Gruppe kam am 30. Dezember 1925 in Kalkutta an. Einer von ihnen wurde nach Kurseong geschickt. Von dort schickt er begeisterte Briefe über die Missionsarbeit in Bengalen. Diese Briefe werden den Sodalinnen regelmäßig vorgelesen. Die junge Agnes ist eine der Sodalinnen, die sich freiwillig für die Bengalenmission melden. Sie wird mit den Lorettoschwestern in Irland in Verbindung gesetzt, da diese in der Erzdiözese Kalkutta arbeiten.

29. November 1928. Sie wird zur Loretto-Abtei in Rathfarnham, Dublin, Irland, geschickt und von dort nach Indien, um ihr Noviziat in Darjeeling zu beginnen.

1928–48. Sie unterrichtet Erdkunde an der St. Mary's High School in Kalkutta. Einige Jahre lang ist sie Direktorin der Schule. Sie leitet auch die Töchter von St. Anna, den indischen religiösen Orden, der den Lorettoschwestern angeschlossen ist.

10. September 1946. „Der Tag der Entscheidung." Mutter Teresa erbittet von ihrer Oberin die Erlaubnis, allein außerhalb des Klosters zu leben und in den Slums von Kalkutta zu arbeiten. Ihre Bitte wird nach Rom weitergeleitet und bewilligt.

8. August 1948. Mutter Teresa legt das Habit der Lorettoschwestern ab und kleidet sich in einen weißen Sari mit blauer Borte und einem Kreuz auf der Schulter. Sie geht für drei Monate nach Patna zu den amerikanischen medizinischen Missionsschwestern zu einer gründlichen Ausbildung als Krankenschwester. Gegen Weihnachten ist sie wieder in Kalkutta und wohnt bei den Kleinen Schwestern der Armen.

21. Dezember 1948. Sie erhält Erlaubnis, ihre erste Slumschule zu eröffnen.

Februar 1949. Sie zieht in eine Etagenwohnung in einem Privathaus um, das der Familie Gomes gehört.

19. März 1949. Die erste Anwärterin kommt, ein junges Bengalenmädchen.

7. Oktober 1950. Die neue Kongregation der Missionarinnen der Nächstenliebe wird bestätigt und in Kalkutta eingesetzt und verbreitet sich von dort über ganz Indien.

25. März 1963. Der Erzbischof von Kalkutta segnet

den Beginn eines neuen Zweigs, der Missionsbrüder der Nächstenliebe.

1. Februar 1965. Die Missionare der Nächstenliebe werden eine Gesellschaft pontifikalen Rechts.

1965. Nach Venezuela, um in der Nähe von Caracas ein Zentrum zu eröffnen.

1968. Nach Tansania, um in Tabora zu beginnen, und nach Rom, um dort in den Slums zu beginnen.

1969. Nach Bourke, Australien, um ein Zentrum für Eingeborene zu eröffnen.

26. März 1969. Die Internationale Vereinigung der Mitarbeiter Mutter Teresas wird dem Orden der Missionare der Nächstenliebe angegliedert, und die Verfassung der Vereinigung wird Sr. Heiligkeit, Papst Paul VI., vorgelegt und erhält seinen Segen.

April 1970. Nach Melbourne.

Juli 1970. Nach Amman, Jordanien.

8. Dezember 1970. Ein Noviziat wird in London errichtet, um Novizen aus Europa und Amerika auszubilden.

6. Januar 1971. Sie erhält von Papst Paul VI. den Friedenspreis Papst Johannes' XXIII.

1971. Nach New York, Nordirland und nach Bangla Desch.

1972. Mutter Teresa erhält den „Jawaharlal-Nehru-Preis für internationale Verständigung".

1972. Nach Mauritius und Israel.

1973. Am 25. April erhält Mutter Teresa den Templeton Preis „für Fortschritt in Religion“, überreicht von Prinz Philip in der Guild-Hall in London.

Geplant sind für 1973: Eröffnung eines Hauses in Yemen am 10. September und in Lima, Peru, am 24. September.